Maria-Eugen Grialou OCD

Meine Berufung ist die Liebe

Maria-Eugen Grialou OCD

Meine Berufung ist die Liebe

Die Botschaft der heiligen Therese von Lisieux

Die Deutsche Bibliothek – CIP – Einheitsaufnahme
Die Deutsche Bibliothek verzeichnet diese Publikation in der
Deutschen Nationalbibliografie; detaillierte bibliografische
Daten sind im Internet unter http://dnb.ddb.de abrufbar.

5. Auflage 2008
© Paulinus Verlag GmbH, Trier
Alle Rechte vorbehalten
Herausgeber: Institut Notre Dame de Vie, Weisendorf
Französische Originalausgabe: Ton Amour a Grandi Avec Moi, Editions
du Carmel Venasque 1987
Übersetzung: P. Maximilian Breig SJ und Sigrid Zerlik
Titelabbildung: April 1888, © Theresienwerk e. V. Augsburg
Herstellung: Paulinus Verlag GmbH
ISBN 978-3-7902-2061-2
www.paulinus.de

Inhalt

Vorwort 9

Der Autor 13

GEDANKEN ÜBER THERESE VOM KINDE JESUS
Hinführung 17

I. Erfahrung der Liebe 19

Die Spiritualität gegen Ende des 19. Jahrhunderts 19
Schmerzliche Kindheit 21
Die Weihnachtsgnade 25
Im Karmel 28
Johannes vom Kreuz als geistlicher Führer 30
Der liebende Gott: Gewissheit in der inneren Nacht 33
Sich der Liebe ausliefern 36
Liebe und Armut 38
Eine neue Spiritualität 41

II. Vor Gott wie ein Kind 45

Therese entdeckt das Erbarmen Gottes 45
Bei Gott sein wie ein Kind 46
Gott ins Angesicht schauen 49
Einfachheit des kontemplativen Schauens 50
Umformender Blick 53
Kontemplative Askese 56
Zuverlässig in den Alltagspflichten 58
Wegweisende Nächstenliebe 60
Die Glaubensprüfung 64
In Liebe leiden 65
Heiligkeit für unsere Zeit 67

THERESE VOM KINDE JESUS — LEHRERIN DES MYSTISCHEN LEBENS

Hinführung 71

I. Vetera: Grundlegende Werte 73

Der Geist des Elija 78
Die Lebensordnung der Teresa von Avila 87
Die Lehre des Johannes vom Kreuz 97

II. Nova: Die neue Botschaft 105

Eigenart der theresianischen Botschaft 106
Inhalt der theresianischen Botschaft 111
  Synthese der praktischen Unterweisung 111
    Kontemplative Erfahrung: Gott ist barmherzig 111
    Vertrauen und geistliche Armut 119
    Geistliche Kindschaft 123
  Grundlegende Wahrheiten der spirituellen Theologie 130
    Schauen auf Gott 132
    Mystisches Leben 140
    Außerordentliche Gunsterweise sind nicht nötig 144
    Heiligkeit lebbar für jeden Christen 152

Therese von Lisieux
  Lebensdaten 155
Maria-Eugen Grialou
  In den Spuren Thereses 157
  Lebensdaten 169
Literaturhinweise/Abkürzungen 170
  Deutsche Ausgaben 170
  Französische Ausgaben 171
  Maria-Eugen Grialou, Literatur in deutscher Sprache 172

Vorwort

Dieses Vorwort möchte die Dankbarkeit unzähliger Theresienkenner gegenüber dem Karmeliten Maria-Eugen Grialou[1] zum Ausdruck bringen. Er gehörte schon sehr früh zu den engsten Freunden Thereses. Als Generaldefinitor des Ordens der Unbeschuhten Karmeliten hat er in vollem Einverständnis mit dem Karmel von Lisieux P. François de Sainte-Marie OCD mit einer in der Geschichte der christlichen Spiritualität bedeutsamen Aufgabe betraut: die Veröffentlichung der *Selbstbiographischen Schriften* der heiligen *Therese vom Kinde Jesus vom Heiligen Antlitz* herauszugeben. Maria-Eugen Grialou unterstrich damit, welche Bedeutung er der wissenschaftlichen Kritik beimaß. Das wirkliche Leben[2] bekam so wieder dem ihm eigenen Stellenwert. Dieses sachliche Vorgehen entspricht Therese vollkommen; denn sie hat versichert, sie wolle *sich allein von der Wahrheit nähren;*[3] sie war niemals nur Theoretikerin, ihre ganze innere Erfahrung erwuchs vielmehr aus dem täglichen Leben.

Einen Vorteil haben wir gegenüber P. Maria-Eugen, nämlich 40 Jahre nach ihm zu leben und die Gesamtheit der authentischen theresianischen Texte[4] benützen zu können. Zweifelsohne wäre dieser praktisch veranlagte und realistische Mystiker aus der Aveyron[5] über die derzeitige Entwicklung sehr glücklich gewesen.

1 Der Taufname von Maria-Eugen Grialou ist Heinrich Grialou.
2 THERESE VOM KINDE JESUS, *Selbstbiographische Schriften*; S. 66.
3 THERESE MARTIN, *Ich gehe ins Leben ein, Letzte Gespräche der Heiligen von Lisieux*; S. 146.
4 Nouvelle Édition de Centenaire (Cerf – DOB 1992): *Correspondance générale*, (1972–1973), *Poésie* (1979), *Théatre au Carmel* (1985), *Derniers Entretiens* (1971), *Prières*.
5 L' Aveyron ist ein Departement in Südfrankreich.

Die vorliegenden Texte entstanden zwischen 1947 und 1965. Man sollte sich also über einzelne Stellen, die Vermutungen äußern und deshalb ungenau sind, nicht wundern; entsprechende Hinweise finden sich in den Fußnoten. Gewisse Einzelheiten, deren Herkunft unbekannt sind, dürften dem Autor, dem großen Freund des Karmels von Lisieux, von den leiblichen Schwestern Thereses direkt mitgeteilt worden sein. Das waren: Mutter Agnes von Jesus (Pauline), Schwester Maria vom Heiligen Herzen (Marie) und Schwester Genoveva vom heiligen Antlitz (Celine). Der Karmelit hat sie sehr gut gekannt und stand mit ihnen von 1927 bis zu deren Tod (1951, 1940, 1959) in enger Verbindung.

Eine tiefe geistliche Freundschaft bahnte sich gegen 1908 zwischen Therese und dem jungen Seminaristen Heinrich Grialou an. Sie währte ein Leben lang bis zum Tod von P. Maria-Eugen am Ostermontag 1967. Die in diesem Buch veröffentlichten Texte sind nur ein kleiner Teil von Schriften, Vorträgen, Predigten und Exerzitien, die er *seiner Freundin aus der Kindheit*, wie er Therese nannte, gewidmet hat. Jeder wird auf diesen Seiten eine Quelle zum Nachdenken und eine Quelle für seine Betrachtungen der theresianischen Geschichte finden können. Sie ist für den Menschen unserer Tage von einem höchst aktiven, sowie kontemplativen Menschen bearbeitet und aktualisiert worden. Er verlangte ebenso brennend danach, Gott zu schauen wie auch geistliche Zentren zu gründen: in Kanada, Mexiko, auf den Philippinen, in Japan, in Spanien, in Deutschland (Institut Notre-Dame de Vie, 8521 Weisendorf) u. a.

Was mich selbst am meisten erstaunt, ist die prophetische Schau des jungen Karmeliten, der schon 1923, als bei vielen Theologen noch Vorbehalte gegenüber Therese von Lisieux zu finden waren, bekannte: *Die Sendung der kleinen*

Seligen ist, wie mir scheint, ein Sich-Ergießen der göttlichen Liebe in die Seelen in der Weise, die Gott für unsere Zeit wünscht. Mit sehr sicherem geistlichen Instinkt hatte er den außergewöhnlichen Platz von Schwester Therese in der Geschichte erkannt. Er zögerte keinen Augenblick, diejenige zu den höchsten Höhen zu erheben, die sich darüber freute, vor Gott »mit leeren Händen« zu erscheinen, kühn ausgeliefert an die »Erbarmende Liebe«. *Sie ist eine der größten geistlichen Lehmeisterinnen aller Zeiten. Sicher muss man sie – zumindest ist das meine Meinung – an die Seite der großen Heiligen stellen, an die Seite von Benedikt, Teresa von Avila, Johannes vom Kreuz, Franz von Sales.*[6]

Ich möchte auch die Art und Weise hervorheben, mit der P. Maria-Eugen gezeigt hat, dass Therese gerade wegen ihrer großen Armut im Gebet und in ihrem gesamten geistlichen Leben ein echt kontemplativer Mensch war. Sie liebte diese Armut, denn die Liebe des dreifaltigen Gottes hat das ständige Verlangen, sich zu verschenken. Und diese Liebe hat zuinnerst von Therese Besitz ergriffen. Besonders in den großen Prüfungen gegen den Glauben (und die Hoffnung) war Therese als treue Schülerin von Johannes vom Kreuz in ihrem, »kühnen Vertrauen« weit über die dichteste Nacht hinaus geleitet. *Diese Reinheit des Glaubens*, erläutert P. Maria-Eugen, *zeigt die hohe Qualität der Kontemplation von Therese.* Es ist ihm gelungen, die junge Karmelitin sehr genau in dem Milieu, in dem sie gelebt hat, einzuordnen, ebenso in die lebendige Bewegung eines Propheten Elija, einer Teresa von Avila und eines Johannes vom Kreuz, dem Verfasser der Bücher *Der Geistliche Gesang* und *Die lebendige Liebesflamme*.

---

6 Vortrag in Bordeaux, 18. Mai 1958 (nicht veröffentlicht).

Zweifelsohne befinden wir uns erst am Beginn einer neuen Zeit. Die Zukunft kennen wir nicht. Im Gebet wünschen wir, dass die Seligsprechung des Karmeliten Maria-Eugen Grialou der Ernennung der heiligen Therese zur Kirchenlehrerin in absehbarer Zeit folgt. Ihm war die Ernennung Thereses zur Kirchenlehrerin bereits 1947 ein Anliegen.

Die seelische Verwandtschaft zwischen Maria-Eugen Grialou und der größten Heiligen der Neuzeit gilt es, weiter zu entdecken. Es scheint uns heute sicher, dass man P. Maria-Eugen vom Kinde Jesus unter die bedeutendsten Jünger der heiligen Therese im 20. Jahrhundert und auch für künftige Zeiten einreihen kann. Er hat Zeit seines Lebens daran gearbeitet, den wichtigsten und zentralsten Punkt der theresianischen Botschaft bekannt zu machen: *Die Liebe kennen und offenbaren. Und das nicht nur in der Welt der Klöster, sondern auch in den Vororten, auf den Straßen, überall dort, wo es Menschen gibt, die Gott zur Vertrautheit mit sich beruft.*[7]

Zweifelsohne hätte das große Ereignis vom 19. Oktober 1997 in Rom – Thereses Ernennung zur Kirchenlehrerin durch Johannes Paul II. – P. Maria-Eugen mit großer Freude erfüllt, ihn, der auf seine Weise so viel dafür getan hat. Unterstreichen wir noch, dass die drei Karmelheiligen, die die Säule in dem klassischen Standardwerk von Maria-Eugen Grialou *Ich will Gott schauen* sind, nun alle zu den Kirchenlehrern gehören.

Guy Gaucher, Karmelit
em. Weihbischof von Bayeux und Lisieux

---

7 Zeitschrift *Carmel*, Sondernummer März 1968, p. 114f.

Der Autor

Maria-Eugen Grialou OCD (1894–1967) ist ein bedeutender Lehrer der karmelitanischen Spiritualität. Tiefe Gotteserfahrung, in der sich Kontemplation und Aktion gegenseitig durchdringen, kennzeichnen sein Wirken und seine Schriften. Ein besonderes Charisma liegt in seiner Bemühung, die geistliche Lehre vom inneren Gebet vielen Menschen auch außerhalb klösterlicher Gemeinschaften zugänglich zu machen.

GEDANKEN ÜBER
THERESE VOM KINDE JESUS

Hinführung

Am Ende seines Lebens zeichnet der Karmelit Maria-Eugen Grialou ein lebendiges und ungekünsteltes Porträt von Therese vom Kinde Jesus. Diese Texte werden im folgenden wiedergegeben. Anekdoten und vertrauliche Mitteilungen stehen neben den einfachen und kraftvollen Formulierungen, die den Geist Thereses kennzeichnen.

Der erste Text zeigt Therese als eine jener Heiligen, welche die Kirche zu Beginn des 20. Jahrhunderts in einen neuen Abschnitt ihrer Geschichte führt. Dieser Platz und diese Sendung sind ihr durch ihre tiefe Liebeserfahrung geschenkt. Sie hat Gott in seiner Liebe erkannt. Und sie hat die Freude erfahren, die Gott darin findet, sich zu schenken und sein Erbarmen in reichem Maß über die Kleinen auszugießen. Das Leben der heiligen Therese enthüllt sich so als eine wachsende Entdeckung des göttlichen Erbarmens, das jeder im geistlichen Leben erfahrene Mensch als typische Angst kennt. Der zweite Text erläutert einige wichtige Grundlagen der geistlichen Botschaft von Therese. Sie, die zu innerst kontemplativ ist, ist durch ihren einfachen Blick des Glaubens und der Liebe in die Tiefen Gottes eingedrungen. Das ist das Wesentliche. Ihr ganzes Sein und ihr Kleiner Weg entwickeln sich daraus. Sie werden in ihrer Antwort der Liebe eins. Deren Kraft verlebendigt sich in drei grundlegenden Haltungen:
– ein einfacher Kinderblick, der sich dadurch immer mehr reinigt, dass er bis hinein in größte Trockenheit auf Gott ausgerichtet bleibt;
– eine aktive Treue, die alles vollkommen erfüllt, was dem Alltagsleben und damit dem Anruf Gottes entspricht;
– eine immer zartere und erfindungsreichere Nächstenliebe bis hinein in die kleinsten Einzelheiten.

So krönt Gott sein Werk in seinem Kind durch die Glaubensprüfung und durch den Liebestod wie bei Christus am Kreuz.

Diese kurzen Zusammenfassungen öffnen schon die Perspektiven der geistlichen Spannweite Thereses und tragen so dazu bei, das Geheimnis ihrer tatsächlich mitreißenden Kraft anklingen zu lassen.

Die beiden Texte sind Auszüge aus den Exerzitien für Priester, die im September 1965 im Institut Notre-Dame de Vie in Venasque gehalten worden sind. Der Stil des mündlichen Vortrags wurde beibehalten. Typisch für Maria-Eugen Grialou waren spontane Darlegungen, die sein reiches Wissen und seine tiefen Kenntnisse zeigen.

Titel und Anmerkungen sind vom Herausgeber. Manche Worte und Anekdoten Thereses dürften auf eine direkte mündliche Quelle zurückzuführen sein, nämlich auf die langen und häufigen Gespräche zwischen Maria-Eugen Grialou und den leiblichen Schwestern Thereses im Karmel von Lisieux.

I. Erfahrung der Liebe

In Therese vom Kinde Jesus begegnet uns eine große Lehrerin des geistlichen Lebens, und zwar eine der größten aller Zeiten. Ich möchte sie gern neben den heiligen Benedikt und die heilige Teresa von Avila stellen.

Sie übt bereits einen Einfluss auf unsere Zeit aus, und ich glaube, sie ist dazu bestimmt, ihn in Zukunft noch zu verstärken. Durch ihr Beispiel und durch ihre *Selbstbiographischen Schriften* hat sie zu beachtlichen Fortschritten des geistlichen Wissens beigetragen und hat uns dadurch Gott auf neue Weise zugänglich gemacht. Um das zu verstehen, muss man Therese zunächst in ihrer Zeit sehen.

Die Spiritualität gegen Ende des 19. Jahrhunderts

Diese Zeit (Therese ist 1873 geboren) ist von einer Spiritualität geprägt, die sich von der unsrigen stark unterscheidet. Heutzutage ist letztere nur schwer zu verstehen. Ich nenne sie »19. Jahrhundert«. Eine Strömung, in der man Gott vor allem als einen Gott der Gerechtigkeit betrachtete, entwickelte sich vom 17. Jahrhundert an bis hinein ins 18. Jahrhundert. Der Gott der Liebe hingegen war nur wenig bekannt. Damals wurden Mystiker als verdächtig angesehen. Es gab übrigens auch nur wenige.

Mit der Französischen Revolution von 1789 ist ein politisches und wirtschaftliches System zusammengebrochen. Darauf folgt die napoleonische Zeit und die Wiederherstellung der Monarchie. Die Menschen sind durch die Ereignisse von Leid geprägt. Im religiösen Bereich ist ein derartiger Abfall zu verzeichnen, dass in der Folgezeit die feierlichen Ordensgelübde abgeschafft werden. Man wagt nicht mehr, irgend jemandem eine endgültige Bindung aufzuerlegen. Eine asketische Spiritualität herrscht vor, weil man den Menschen einen schützenden Rahmen geben will. Vom theologischen Standpunkt aus fühlt man das Bedürfnis, sich zu verteidigen. So entwickelt sich besonders die Apologetik. Diese Tatsachen weisen auf grundsätzlich negative Einstellungen hin.

Man könnte sagen: die Revolution hat einen Sinn für die Sünde zurückgelassen, vielleicht auch ein Gefühl von Schuldhaftigkeit, was sich in der ganzen Spiritualität bemerkbar macht. In der Herz-Jesu-Verehrung zum Beispiel herrscht der Gedanke der Wiedergutmachung deutlich vor, obwohl sie ursprünglich entstanden war, um die Liebe in Christus zu verehren.

Im religiösen Leben wird die asketische Note stark betont. So findet man in den Karmelklöstern eine Veröffentlichung unter dem Titel *Die Wohlgerüche des Karmel*, worin dieser Orden als Sühneorden definiert wird, ein Ausdruck, den man zum Beispiel bei Teresa von Avila nirgends findet. Hier zeigt sich also auch der Einfluss dieser Art von Frömmigkeit.

Ich selbst habe diese Epoche noch erlebt. Ich kannte diese Menschen, die wohl Asketen sind, aber keine Mystiker. Ich kann Ihnen sagen, dass im Karmel damals weder *Der Geistliche Gesang* noch *Die lebendige Liebesflamme* von Johannes vom Kreuz gelesen wurden. Man hatte Angst, »Illuminist« zu sein ... Diesbezüglich herrschte eine Lehrmeinung, die sehr lange anhielt, auch im Karmel: Die Schriften von Johannes vom Kreuz zu lesen, so dachte man, bringt die Gefahr des Illuminismus mit sich. Als man um 1860 seine Werke herausgab, beschränkte man sich auf den *Aufstieg auf dem Berg Karmel*. Von den übrigen Werken kam keines infrage.

Im Karmel von Lisieux bestanden gleichzeitig mehrere Richtungen. Dieser Karmel war gegründet durch den Karmel von Poitiers, woher Mutter Genoveva kam. Sie gehört sozusagen zur »neuen Schule«; deshalb wird sie von Mutter Agnes und Therese so geschätzt.[1] Es gibt aber auch die anderen Priorinnen, vor allem Mutter Marie de Gonzague. Sicher sind das Persönlichkeiten von sehr hohem Wert. Sie vertreten aber die harte Linie. Als man zum Beispiel später einmal in einem Karmel dieser Ausrichtung im Speisesaal die *Selbstbiographischen Schriften* von Schwester Therese vom Kinde Jesus las, schlug die Priorin nach einigen Seiten auf den Tisch und sagte: »Schließen Sie dieses Buch! Solche Kindereien liest man in diesem Karmel nicht.«

Man fand also im Karmel von Lisieux beide Richtungen: jene asketische der Mutter Marie de Gonzague, in der man die außerordentlichen Abtötungen steigert (Die Brennnesseln wachsen frei im Karmel von Lisieux, damit man sich mit ihnen geißeln kann!); und dem gegenüber Mutter Genoveva und Mutter Agnes von Jesus, die im Kloster der Heimsuchung von Le Mans in »salesianischer Prägung« erzogen worden waren, eine Richtung mit einem hohen Liebesanspruch. Sicher ist, dass Therese bei ihrem Eintritt in den Karmel eine Botschaft anderer Wellenlänge mitbringt. Gott hat sie für eine Lehre der Liebe vorbereitet.

Schmerzliche Kindheit

Therese stammt aus einer Familie, in der sie als neuntes und letztes Kind von ihren Eltern und ihren Schwestern sehr geliebt wird. Alles neigt sich über ihre Wiege, sobald

---

1 Mutter Genoveva war bei der Gründung des Karmels von Lisieux (1838) Subpriorin. Sie starb 1891; vgl. TvKJ, *Selbstbiographische Schriften*; S. 172ff.

sie müde oder krank ist. Therese, die kleine Letzte, ist offensichtlich das Ein und Alles der Familie. Und da verliert sie im Alter von vier Jahren ihre Mutter, die schon seit mehreren Jahren krank gewesen ist. Heute weiß man, dass Frau Martin bereits bei Thereses Geburt an einem sehr schmerzhaften Knochenkrebs litt. Die Tatsache beweist ihre Tapferkeit. Der Verlust der Mutter bewirkt bei der vierjährigen Therese eine innere Veränderung. Ihr Charakter wird ganz anders.[2] Sie, die sich immer lebhaft und heiter zeigte und die die Freude ihrer Umgebung war, kapselt sich jetzt ab. Sie weint häufig, und dann weint sie, weil sie geweint hat.[3]

In der Geborgenheit der Familie blüht sie immer wieder auf; aber sobald sie sich außerhalb befindet, wird sie von Traurigkeit erfasst. Man schickt sie ins Pensionat der Benediktinerinnen-Abtei (in Lisieux). Sie gewöhnt sich dort nur ein, weil ihre um vier Jahre ältere Schwester Celine auch da ist, von der sie in all den kleinen Vorfällen, wie sie in einem Pensionat vorkommen, verteidigt wird. Als Celine nach Abschluss ihrer Schulzeit die Abtei verlässt, kehrt auch Therese nicht mehr in die Schule zurück. Allein kann sie dort nicht bleiben. Darin zeigt sich sehr deutlich ihre Wesensveränderung.

Ein wenig später muss sie eine zweite Prüfung durchstehen, eine völlig unerwartete Enttäuschung. Nach dem Tod ihrer Mutter hatte sich Therese für ihre Schwester Pauline als »Mütterchen« entschieden, während Celine die Älteste der Schwestern, nämlich Marie, wählt. Therese hat Pauline eines Tages ihren Wunsch anvertraut, in den Karmel eintreten zu wollen. Diese antwortet, auch sie selbst verlange danach, werde aber auf Therese warten. Pauline hatte

---

2 TvKJ, Vgl. *Selbstbiographische Schriften*; S. 29.
3 TvKJ, *Selbstbiographische Schriften*; S. 93.

dieses Versprechen, das sie dem Kind gegeben hatte, längst vergessen. Zufällig erfährt Therese eines Tages, dass Pauline bald in den Karmel eintreten wird.[4] Erneute Frustration, die Therese in völlige Verwirrung stürzt. Sie verliert ihre zweite Mutter, nachdem sie schon so sehr durch den Tod ihrer wirklichen Mutter verletzt worden war. Daraufhin stellt sich »die merkwürdige Krankheit«[5] ein, von der sie berichtet und die nichts anderes als eine Neurose ist. Diese ist auf ihre gemütsmäßige Enttäuschung zurückzuführen. Das Leiden tritt vor allem am Tag der Einkleidung von Schwester Agnes in Erscheinung. Therese wird während der Feier von Pauline »unter deren Schleier genommen ...« Schließlich muss man Therese heimführen und ins Bett bringen.

Den Ärzten jener Zeit war die Art der Krankheit unbekannt. Nachdem Dr. Gayral an Hand aller Dokumente eine Analyse derselben durchgeführt hatte, veröffentlichte er einen Artikel in der Zeitschrift *Carmel*.[6] Er stellt eindeutig eine Neurose fest. Therese spürt in der ihr auferlegten Prüfung, dass nur ihre Sinne und ihre äußeren seelischen Bereiche in Mitleidenschaft gezogen sind. Sie ist sich ihrer Störung bewusst. Sie schlägt den Kopf gegen die Wand und sieht grimassenschneidende Phantome. Das Gefühl, nicht mehr Herr ihrer selbst zu sein, verursacht ihr großes Leid.

Man pflegt sie, ohne die Krankheit zu kennen, an der sie leidet. Als es ihr immer schlechter geht, lässt ihr besorgter Vater eine Messnovene in Notre-Dame des Victoires (in Paris) lesen. Was sich dann ereignet, wissen wir: Die Statue der

---

4 Vgl. TvKJ, *Selbstbiographische Schriften*, S. 52f.
5 TvKJ, *Selbstbiographische Schriften*, S. 56ff.
6 Vgl. *L. GAYRAL, Une maladie nerveuse dans l'enfance de Sainte Thérèse de Lisieux* (»Eine Nervenkrankheit in der Jugend der heiligen Therese von Lisieux«), Carmel, 1959, 2; p. 81–96.

Mutter Gottes auf der Kaminkonsole über dem Bett belebt sich und lächelt.[7] Die kleine Therese ist damit noch nicht geheilt, aber ihre Krankheit ist einstweilen wie verdeckt. Nach dem Urteil von Dr. Gayral erfolgte die endgültige Heilung erst im Augenblick der Weihnachtsgnade. Die Läuterung ihrer Empfindlichkeit und des Gefühls, die Therese im Verlauf der Entwicklung durchmacht, hinterlässt in ihr eine Verwundung; man kann sicher von einer »Reinigung der Sinne«[8] sprechen. Durch dieses Geschehen wird ihre Affektivität auf Gott hin ausgerichtet und gleichsam schon befreit. Gleichzeitig tragen Gewissensskrupel zu ihrer Läuterung bei.

Nach ihrer Genesung kehrt Therese nicht mehr in die Abtei zurück. Eine Lehrerin erteilt ihr zu Hause Einzelunterricht. Ich habe ihre Aufgaben in den Händen gehalten. Im Vergleich mit denen eines jungen Mädchens, das in einer anderen Stadt, aber zur selben Zeit im Internat gelebt hat, lässt sich feststellen: Therese durchlief zu dieser Zeit eine mittelmäßige Entwicklung. Es erscheint eindeutig, dass die Neurose ihre Fähigkeiten geradezu lähmte. Die Mathematik bereitete ihr große Schwierigkeiten. Aufsätze zu schreiben gelingt ihr einigermaßen, aber auf eine gewisse kindliche Art wie bei einem Mädchen, das aus psychologischer Sicht etwas zurückgeblieben ist. Das festzustellen, ist interessant.

7 Vgl. TvKJ, *Selbstbiographische Schriften*, S. 62f.
8 Läuterung, Reinigung (hier im passiven Sinne), hervorgerufen durch ein besonderes Handeln Gottes, das alle Dinge als Mittel benützen kann und alle Fähigkeiten betrifft in Verbindung mit der äußeren Welt: nicht nur die fünf Sinne, sondern das ganze seelische Gefüge, die Einbildungskraft und selbst die Intelligenz, insofern sie an Bilder gebunden ist, und den Willen, der mit sinnlichen Empfindungen verknüpft ist (affektives Leben). Diese Reinigung muss sich dann ausdehnen auf den »Geist«, den Sitz der inneren Fähigkeiten des Menschen (durchdringendes Erkenntnisvermögen und freier Wille), damit Gott sein Geschöpf zur vollen Einigung mit sich ziehen kann. Vgl. MARIA-EUGEN GRIALOU, *Ich will Gott schauen*, S. 657–662.

Die Weihnachtsgnade

In diese Zeit hinein fällt die Weihnachtsgnade von 1886. Therese ist 13 Jahre alt, beinahe 14, denn sie ist am 2. Januar geboren. Was ereignet sich an diesem Tag?[9] Sie kehrt von der Mitternachtsmesse heim. Da hört sie ihren Vater vor ihren Weihnachtsschuhen, die sie in den Kamin gestellt hatte, sagen: »Nun, gottlob ist es das letzte Jahr! Therese ist doch groß genug, man sollte mit ihr nicht mehr in kindlicher Weise Weihnachten spielen.« Celine hält sich gerade im ersten Stock des Hauses auf, als sie das hört. Sie sagt sich: »Mein Gott, was für eine Flut von Tränen wird das hervorrufen!« Sie ist gewohnt, Therese weinen zu sehen und dann darüber, dass sie geweint hat. Man muss hier sicher von einem verletzten Gefühlsleben reden.

Celine rät ihr, nicht sofort hinunterzugehen, doch Therese geht nach unten, und siehe da, sie ist psychisch völlig umgewandelt. Diese Weihnacht hat ihre Seele vollständig verändert und sie plötzlich zur Reife gebracht. Es ist ein »Sturzbach von Licht«, sagt sie. Von diesem Augenblick an hört sie auf zu weinen. Ihre seelische Verfassung hat sich beruhigt. Sie wird wieder Herr ihrer selbst.

Mit großem Eifer kommt sie in der Folgezeit ihren Lernverpflichtungen nach und lernt, wie sie selbst sagt, in einigen Monaten mehr als in allen vorangegangenen Jahren. Ihr Verstand ist nun befreit; er war zwar nicht wirklich erkrankt, doch durch ihren gestörten Seelenzustand gleichsam wie gefesselt.

---

9 TvKJ, *Selbstbiographische Schriften*, S. 93–98; gründliche Studie über diese Gnade und ihre Wirkungen in MARIE-EUGÈNE GRIALOU, *La grâce de Noël 1886 chez Sainte Thérèse de l'Enfant Jésus* (»Die Weihnachtsgnade von Therese von Lisieux«) in *Carmel*, 1959, p. 97–116.

Zur gleichen Zeit wird sich Therese ihre Berufung verstärkt bewusst. Sie beschließt, am kommenden Weihnachtsfest im Karmel zu sein. Sie will mit 15 Jahren eintreten und alle notwendigen Schritte dafür unternehmen. Zunächst sucht sie den Superior des Klosters (Pfarrer von Saint-Jacques) auf, um seine Einwilligung zu erhalten. Der will jedoch nichts davon hören. Er wird ihr übrigens niemals günstig gesonnen sein. Am Tag ihres Eintritts sagt er vor der Klausurtür zur versammelten Schwesterngemeinschaft: *Ehrwürdigen Mutter, hier ist das Kind, das Sie gewollt haben. Ich wünsche, dass die Kommunität das nicht zu bereuen hat.*[10] Diese Äußerung muss Therese zu ihrem Eintritt in den Karmel hören!

Obwohl ihr der Pfarrer den Eintritt verweigert, empfiehlt er ihr: »Sie können ja den Bischof aufsuchen.« Therese hat den Mut, zu ihm zu gehen. Für diesen Besuch steckt sie ihre Haare hoch. Das ist eine weibliche Geste, aber doch auch, wie ich glaube, ein Zeichen von Reife. Sie spricht mit dem Bischof, und als Monseigneur Hugonin zögert, erklärt sie: »Ich werde zum Papst gehen und mit ihm sprechen«, was sie tatsächlich ausführt. Es hat sich in Therese eine vollständige Veränderung von Wille, Intelligenz und Psyche vollzogen.

Einige Zeit später empfängt sie eine andere Gnade: Sie ist betroffen, auf einem Bildchen, in ihrem Gebetbuch die Blutstropfen zu sehen, die von einer Hand des gekreuzigten Herrn zur Erde fallen. Da fasst sie den Entschluss, auf Kalvaria zu bleiben, um die Blutstropfen aufzufangen und sie auf die Sünder auszugießen. Sie will in den Karmel eintreten, um für die Sünder zu beten.

---

10 Vgl. *Prozess der Seligsprechung und Heiligsprechung der heiligen Theresia vom Kinde Jesus und vom Heiligen Anlitz I*, S. 136, vgl. S. 255. Zitate und Buchtitel sind kursiv geschrieben; mit Anführungszeichen wird zitiert, wenn die inhaltliche Wiedergabe eines Zitats erfolgt.

Jetzt ist sie also in jeder Hinsicht reif. Seelisch hat sie ihr Gleichgewicht wiedergefunden. Unter psychologischem Aspekt gesehen, handelt sie geradezu fraulich, vom geistlichen Standpunkt aus betrachtet, hat sie ihre Berufung in einer endgültigen Tiefe entdeckt. Aber was hat sich eigentlich bei der Weihnachtsgnade ereignet? Wir wissen es nicht! Therese hat keinen spürbaren Schock erfahren und kann den Augenblick nicht genau festlegen, in dem sich die Umwandlung vollzog. Sie stellt diese einfach fest, als sie die Treppe hinuntergeht, nachdem sie die Bemerkung ihres Vaters gehört hatte. Eine innere Gnade, ein Angerührtsein in ihrem Innersten, hat sie völlig umgewandelt. Dr. Gayral spricht von einer deutlichen und plötzlichen Heilung. Dazu hat sicher auch ihre Willensanstrengung beigetragen, aber ein Willensakt allein könnte geistliche Wirkungen solcher Art nicht hervorbringen. Diese Gnade gehört wohl in die Kategorie, die von Teresa von Avila beschrieben wurde: tiefe Gnaden, aber nach außen hin nicht spürbar. Hier finden wir nichts von dem, was Paulus, dem Schuppen von den Augen fielen, widerfuhr; oder auch wie bei Teresa von Avila, die sich emporgehoben fühlte. Therese aber spürt nichts, obgleich sie ganz umgewandelt ist: so geartet sind die Gnaden, die sie empfängt. Therese will unbedingt in den Karmel eintreten. Es fehlt ihr jedoch noch eine letzte Bestätigung, ihre Gnaden betreffend. Darum bittet sie jetzt. Sie hat die Liebe, das Erbarmen Gottes gespürt. Da liest sie in der Zeitung *La Croix* von einem Mörder, der den Beistand des Priesters ablehnt. Sie erbittet gewissermaßen als Bestätigung für ihre Erleuchtung: dieser Mörder möge ein Zeichen der Reue geben. Und tatsächlich, am Tag nach der Hinrichtung liest Therese in der Zeitung: Dieser Mensch, Pranzini, stürzte sich auf das Kruzifix, das ihm der Priester auf dem Weg zur Hinrichtung hinhielt. Er küsste es dreimal, bevor er auf das Schafott stieg. Zuvor hatte er es zurückgewiesen. Das ist für Therese die äußere Bestätigung ihres inneren Lichtes. Sie wird in ihrer Überzeugung endgültig bestärkt. Sie hat entdeckt: Gott ist die Liebe. Gott hat seine Liebe zu ihr dadurch gezeigt, dass er sie völlig umgewandelt hat. Zu ihrer persönlichen Erfahrung kommt die Bekehrung von Pranzini hinzu, die durch ihr Gebet bewirkt worden ist.

Im Karmel

Therese ist im Karmel! (Und das mit 15 Jahren). Als sie deshalb mit dem Papst gesprochen hatte, hat er sie an die unmittelbaren Vorgesetzten des Klosters verwiesen. Nachdem sie schließlich deren Erlaubnis erhalten hatte, verzögerte sich der Eintritt noch einmal. Am 9. April 1888, eine Woche nach Ostern, tritt sie endlich über die Schwelle der Klausur. Was findet sie dort? Das »Nichts«. Das *Nichts* des Johannes vom Kreuz: so erfährt sie das Karmelleben. So hat sie es sich vorgestellt. *Alles entzückt mich.*[11] Sie entdeckt eine Harmonie zwischen ihrem Sein und dem Leben im Kloster. Sie ist glücklich über die Armut ... Offensichtlich kennt sie keinerlei Unsicherheit, doch sie erfährt auch keinen Trost.

Die Unterweisungen erhält sie durch die Priorin, Mutter Marie de Gonzague, einen Menschen von hoher Intelligenz, aber aus der »Generation 1880«; heute würden wir sagen: vom Stil 1900. Van der Meersch[12] hat viel Böses über sie geschrieben, doch zu unrecht. Sicher hatte sie ihre Fehler, aber sie war eine intelligente Frau. Wenn sie There-

---

[11] TvKJ, *Selbstbiographische Schriften*; S. 153.
[12] ALBIN MICHEL, *La Petite Sainte Thérèse* (»Die kleine Heilige«), Paris, 1947. Über dieses Werk siehe MEG, *Ich will Gott schauen*, S. 1017.

se anschaut und sie mit ihren Schwestern vergleicht (Therese hatte bereits zwei Schwestern im Karmel, Marie und Pauline; die Priorin kennt auch Celine, die sechs Jahre später eintritt), dann meint sie, dass es Therese ist, die eines Tages Priorin wird.[13] Um sie auf diese Rolle vorzubereiten, bildet sie Therese nach ihren Vorstellungen.

Therese hat es zu dem Zeitpunkt aber auch nötig, geformt zu werden. Zu Hause in den Buissonnets war sie das verwöhnte Kind gewesen. Sie beteiligte sich praktisch an keiner Arbeit. Ihre vier Schwestern ließen sie nichts anrühren. Manchmal brachte sie am Abend einen Blumentopf aus dem Garten ins Haus herein; wenn man ihr aber dafür nicht dankte, weinte sie.[14] Ihre Schwestern übernahmen alle Hausarbeiten und übten so ihre junge Mütterlichkeit auf Kosten ihrer kleinen Schwester. Demzufolge ist Therese bei ihrem Eintritt in den Karmel in praktischen Arbeiten äußerst ungeschickt. Sie war einfach nicht gewohnt ist, solches zu tun. Das veranlasst Mutter Marie de Gonzague zu dem Wort: »Man sieht gut, dass unsere Kreuzgänge von einem fünfzehnjährigen Mädchen gekehrt werden!« Therese hat Angst vor Spinnen. Deshalb reinigt sie die Ecken nicht allzu genau. Sie kann sich zwar gut überwinden; aber dennoch gibt sie dazu Anlass, oft gescholten zu werden, und so erfährt sie von Seiten der Priorin eine sehr harte Ausbildung.[15]

Ähnlich ergeht es Therese bei der Novizenmeisterin, eine heilige Seele, aber keine besondere Persönlichkeit und auch keine wirkliche Hilfe für Therese. Wenn sie eine klei-

---

13 Über die Wertschätzung Thereses durch Mutter Marie de Gonzague vgl. Brief vom 9. September 1890 an die Priorin des Karmels von Tours (s. Fußnote 50, S. 93).
14 TvKJ, *Selbstbiographische Schriften*; S. 93.
15 Vgl. TvKJ, *Selbstbiographische Schriften*; S. 155; *Derniers Entretiens/Annexes*; p. 261.

ne Weile bei ihr ist, wissen beide nichts zu sagen, und das ist dann ihre geistliche Unterrredung, eine Begegnung ohne Austausch. Therese suchte auch die Mutter Priorin auf: *Ich verbrachte eine Stunde bei ihr; sie schalt mich die ganze Zeit.*[16] So also sind die Ratschläge, die sie erhält ... Mit ihrer Schwester Pauline, im Kloster ist sie jetzt Mutter Agnes, unterhält sich Therese nicht: obgleich sie ihr zur Arbeit im Refektorium (Speisesaal) zugeteilt ist, hält sie in großer Treue an der Regel des Stillschweigens fest und spricht sie von sich aus dort nie an.

Therese erfährt sich isoliert. Ihr geistlicher Führer, Pater Pichon, der auch der geistliche Berater der Familie Martin war, war nach Kanada geschickt worden. Therese schreibt ihm regelmäßig, aber P. Pichon antwortet fast nie. Therese ist also allein; sie ist ganz auf sich angewiesen.

Johannes vom Kreuz als geistlicher Führer

Was tut Therese in ihrer Verlassenheit? Im Gebet erfährt sie Trockenheit: *Jesus sagt mir nichts ... Er schweigt ...*, schreibt sie.[17] Therese entdeckt um diese Zeit Johannes vom Kreuz. Wie kommt sie an seine Bücher? Man kann es nicht genau sagen, wahrscheinlich findet sie davon schon im Noviziat die Übersetzung der Karmelitinnen von Paris und greift begierig danach. Im Alter von 16 oder 17 Jahren lebt Therese aus dem Geist des Johannes vom Kreuz, sie lebt vom *Aufstieg zum Berge Karmel* und vertieft sich in den *Geistlichen Gesang*.

Was findet sie bei Johannes vom Kreuz? Die Bekräftigung der Intuitionen, die sie in ihrer Seele fühlt, ihrer Intuitionen

---

16 Vgl. TvKJ, *Selbstbiographische Schriften*, S. 161–162.
17 THERESE MARTIN, *Briefe*; S. 146 an Schwester Agnes von Jesus.

über die unendliche Liebe Gottes. Sie entdeckt Empfehlungen über die Entwicklung der Nächstenliebe und der Gottesliebe. In ihrem Stundenbuch hat sie ein Bildchen, auf das sie einen Text von ihm geschrieben hat: *Eine Neigung ist dann gut, wenn sie zu Gott führt.*[18] Therese lebt von dieser Unterweisung: Sie lernt ganze Seiten des Heiligen auswendig. Sie liest die *Lebendige Liebesflamme*. Das befriedigt sie zuinnerst. Später schreibt sie: Oh, *wie viele Erleuchtungen habe ich aus den Schriften Unseres Vaters, des heiligen Johannes vom Kreuz, geschöpft!*[19] Sie findet auch ein dogmatisches Buch, das ihr hilft, ihr katechetisches Wissen zu vertiefen;[20] doch vor allem stärkt Johannes vom Kreuz ihre Seele.

Bei aller Pflichterfüllung erweist sie große Zuverlässigkeit, und das in einer Umgebung, die nicht dem entspricht, was sie im Grunde empfindet. Die Predigten, die sie hört, sind typisch für die damalige Zeit. Sie sind zwar auf grundlegenden Wahrheiten aufgebaut, aber vor allem auf die Idee der

---

18 Sentence 129, Auszug aus dem Werk *Maximes et Avis spirituelles de notre Bienheureux Pere Saint Jean de la Croix* (»Merksätze und geistliche Weisungen unseres seligen Vaters Johannes vom Kreuz«), das Therese viel benützte. Das Bild ist wohl eher das, welches Therese am 7. Mai 1896 der Schwester Maria von der Dreifaltigkeit geschenkt hat (vgl. *PSH II*, S. 850f.).
19 TvKJ, *Selbstbiographische Schriften*, S. 184.
20 Handelt es sich um P. SURIN S.J., *Fondements de la vie spirituelle, tirés du livre de l'Imitation de Jésus-Christ* (»Grundlagen des geistlichen Lebens; Auszüge aus dem Buch der Nachfolge Christi«), Paris 1732, von dem Therese sagt, dass sie es in dieser Zeit »betrachtet« habe (vgl. *Selbstbiographische Schriften*, S. 163)? Vielleicht muss man auch das Werk erwähnen von Abbé C. ARMINJON, *Fin du monde present et mystères de la vie future* (»Ende der gegenwärtigen Welt und Geheimnisse des künftigen Lebens«), Éditions Saint-Paul, 1882, das Therese 1887 gelesen hat (vgl. TvKJ, *Selbstbiographische Schriften*, S. 101) und das sie im Karmel weiterhin benützt. Sie zitiert dieses letzte Buch häufig (vgl. *Briefe*, S. 69; vgl. *Correspondance Générale*, Anm. p. 387 und TM, Briefe; S. 168).

Gerechtigkeit ausgerichtet. Die Vortragsexerzitien sind für sie, wie sie schreibt, eine große Qual[21] wegen der Gegensätzlichkeit zwischen dem, was sie in ihrem Innersten empfindet, den Intuitionen, die sie mit sich trägt, dem Licht, das sie leitet, und all dem, was sie hört und um sich herum sieht. Treu versucht sie sich in den Abtötungen zu üben, die damals im Kloster üblich sind. Sie trägt ein kleines Kreuz mit einem Nagel. Da sie daraufhin krank wird, begreift sie, dass Gott das nicht von ihr verlangt. In ihrer Umgebung schenkt man ihr nicht allzuviel Aufmerksamkeit, weil sie jung und kräftig ist. Doch eines Tages sucht eine Schwester die Priorin auf und sagt: »Wir sind dabei, die Gesundheit von Schwester Therese einzubüßen!« Tatsächlich gibt ihr die Köchin lauter Reste zum Essen, selbst schlechtgewordene Dinge, weil sie sich nie beklagt.[22] Man stellt bei ihr eine außerordentliche Treue bei allen Arbeiten, die von ihr verlangt werden, fest.

Therese lebt aus dem Geist des Johannes vom Kreuz und muss doch gleichzeitig tiefe Ängste durchstehen. Später bekennt sie: Sich der Liebe Gottes ausliefern, heißt, sich allen Ängsten ausliefern.[23] Sie gesteht ein, dass sie sich in einem Tunnel befindet, wo es weder kalt noch warm ist, wo sie nichts empfindet. Sie erklärt: Ich sehe nur das Licht, das aus dem verschleierten Antlitz unseres Herrn fällt.[24] Therese erfährt geistlich eine nahezu vollständige Trockenheit, aber dennoch legt sie großen Wert auf das innere Beten, … auch wenn sie dabei manchmal einschläft, weil sie während der Nacht vor Kälte nicht

---

21 TvKJ, *Selbstbiographische Schriften*; S. 177.
22 *PSH I*, S. 256.
23 *PSH I*, S. 150.
24 Vgl. TM, *Briefe*; S. 146 an Schwester Agnes von Jesus.

schlafen konnte. An Kälte leidet sie bis zum Sterben[25], wie sie selbst sagt.

Im Jahr 1891 hält ein Franziskanerpater die Exerzitien, und zum Glück versteht er Therese. Wenn sie anderen Exerzitienleitern ihre Sehnsucht nach Gott, ihr Verlangen nach Liebe und ihre Erleuchtungen über Gott darlegte, schickte man sie weiter und sagte zu ihr: »Meine Tochter, seien Sie eine gute Ordensfrau, aber wollen Sie nicht zu hoch hinaus!« Das zeigt sehr gut die Mentalität der damaligen Zeit. Nur dieser Franziskanerpater ermutigt sie und *wirft sie*, wie sie sagt, *hinaus auf den Weg der Liebe.*[26] Im Jahr 1891 lassen die Läuterungen nach.

Der liebende Gott: Gewissheit in der inneren Nacht

Wenig später wird Thereses Schwester Pauline Priorin. Diese, jetzt als Mutter Agnes, weist Mutter Marie de Gonzague Therese als Hilfe zur Ausbildung der Novizinnen zu.[27] Im Jahre 1894 ist auch Thereses Schwester Celine in den Karmel eingetreten, also gehört auch diese zu den Novizinnen. Der Einsatz im Noviziat ermöglicht es Therese, ihre Einsichten zu formulieren und weiterzugeben. Es hätte sich sonst keine Möglichkeit geboten, diese zu vermitteln. Jetzt ist sie verpflichtet, zu ihren Mitschwestern zu sprechen: sie gibt das weiter, was sie fühlt und was sie selbst übt. Wenn man ihr Fragen stellt, führt sie auswendig Stellen aus den Schriften von Johannes vom Kreuz an.

---

25 Vgl. *Derniers Entretiens/Annexes*; p. 537, note. a.
26 TvKJ, *Selbstbiographische Schriften*; S. 177. Es handelt sich um P. Alexis Prou, der 1891 die Exerzitien vom 8. bis 15. Oktober hielt.
27 Diese Aufgabe im Noviziat wurde Therese im Februar 1893 anvertraut. Vgl. TM, *Ich gehe ins Leben ein, Letzte Gespräche der Heiligen von Lisieux*; S. 122.

Auch in den Erholungszeiten tut sie das, denn davon lebt sie. Das ist zu dieser Zeit der Weg für Therese ihre Ansichten zu erläutern, aber immer in Angst wegen der Opposition ihrer Umgebung und wegen der Predigten, die sie hört. Ihre Gedanken sind neu. In ihrer dunklen Kontemplation macht sie eine Entdeckung Gottes, eine Entdeckung der absoluten Liebe; eine dunkle Entdeckung, die ihr aber dank ihrer Wesensverwandtschaft (mit Gott) zuteil wird, und die in ihr die grundlegende Gewissheit schafft: Gott ist Liebe. Sie sagt: Ich betrachte alle göttlichen Vollkommenheiten durch die Liebe hindurch, durch seine Barmherzigkeit;[28] es gibt nur dies in Gott. Ihre Suche vollzieht sich im Dunkel. Sie erklärt nur dann etwas, wenn sie dazu verpflichtet ist, sei es für ihre Novizinnen, sei es später, als sie aufgefordert wird, die Geschichte ihres Lebens zu schreiben. Für gewöhnlich lebt sie in einer geistlichen Nacht, in einer Art von Morast, der für die Läuterung des Geistes charakteristisch ist. Diese geistlichen Reinigungen werden nicht durch körperliche Schmerzen hervorgerufen – sicher gibt es solche – als vielmehr von einem Nebel, von einem Morast , in dem man steckenbleibt, ohne vorankommen zu können. Diese Prüfung voller Ängste hält an. Gleichzeitig ist Therese auch von einem starken inneren Antrieb auf Gott hin bestimmt. Auch wird sie von schon erkannten Gewissheiten bestärkt. Es besteht eine Antinomie: einerseits ist es die fortschreitende Entdeckung der Sünde und böser Neigungen in sich oder um sich und andererseits die gleichzeitige Entdeckung Gottes.

Der Gott, den Therese entdeckt, ist der Gott der Liebe. Sie erlebt – und das auch im Karmel – dass Gott nicht

---

28 Vgl. *Selbstbiographische Schriften*; S. 185.

erkannt wird. Ja, Gott in seiner Liebe ist nicht erkannt. Man kennt den Gott der Gerechtigkeit: – wie du mir, so ich dir – ! Und man versucht, Verdienste zu erwerben. Doch Therese denkt: So möchte ich Gott nicht sehen, auch nicht begegnen.[29] Gott ist Liebe, Gott ist Erbarmen. Aber was ist das, Erbarmen? Das ist die Liebe Gottes, die sich über alle Ansprüche und über alle Rechte hinaus verschenkt. Das Konzil von Trient sagt uns, dass Gott seine Gaben auf zweierlei Weise verteilt: entweder aus Gerechtigkeit, das heißt: Gott belohnt die Verdienste, oder aus Barmherzigkeit, das heißt: er gibt über jeden Verdienst hinaus.[30] Er gehorcht dann seiner eigenen Natur, denn er ist Liebe, sich hingebendes Gut. Sich zu schenken ist ihm Bedürfnis, ist seine Freude.

Therese liest das Evangelium; und was findet sie dort? Sie entdeckt Maria-Magdalena: ihr ist viel vergeben worden, weil sie viel geliebt hat.[31] Therese sieht auch den verlorenen Sohn und die Freude des Vaters, der ihn wieder aufnimmt, denn das ist für ihn Gelegenheit zu schenken.[32] »Im Himmel herrscht mehr Freude über einen einzigen Sünder, der sich bekehrt, als über neunundneunzig Gerechte, die der Bekehrung nicht bedürfen.«[33] Nicht die Sünde verherrlicht Gott; das, was ihn verherrlicht und ihm Freude macht,[34] ist, das Sich-schenken-zu-können, sich

---

29 Vgl. TM, *Ich gehe ins Leben ein, Letzte Gespräche der Heiligen von Lisieux*; PSH I; S. 181f.
30 Konzil von Trient, Dekret über die Rechtfertigung (G. DU-MEIGE, *Foi catholique*; p. 554–581).
31 Vgl. Lk 6,47.
32 Vgl. Lk 15,20–32.
33 Vgl. Lk 15,7.
34 Therese benützt häufig diesen Ausdruck, s. bes. TvKJ, *Selbstbiographische Schriften*; S. 176, S. 215; TM, *Ich gehe ins Leben ein, Letzte Gespräche der Heiligen von Lisieux*; S. 129.

ohne Gegengabe zu schenken. Das ist es, was Therese entdeckt. Gott verschenkt sich mehr als die Gerechtigkeit verdient, ganz unentgeltlich, nach seinem eigenen Verlangen und nach den Ansprüchen seiner Natur, die Liebe ist. Therese leidet sehr unter dem andersartigen Denken ihrer Umgebung, dem Gegensatz zwischen ihrer Erkenntnis, ihren Anforderungen und dem, was sie um sich herum praktiziert sieht. Man macht seine Rechnung mit Gott. Man denkt: Wenn ihr vor dem ewigen Vater, der euch richten wird, ankommen werdet, wird er die Liste eurer Verdienste durchschauen; so viele Ablässe habt ihr gewonnen, so viele Verdienste habt ihr, dort also ist euer Platz. Therese hingegen sagt: *Ich werde mich hüten, meine Verdienste zu präsentieren; ich werde nur die Verdienste des Herrn vorzeigen. Ich, ich werde nichts haben, ich will nichts vorzeigen; ich werde den lieben Gott mich lieben lassen, so viel er nur will.*[35] Und sie fügt hinzu: *Deswegen werde in meiner Todesstunde von Ihm so gut empfangen werden.*[36] Das ist das Zentrum ihrer Lehre.

Sich der Liebe ausliefern

Da Therese erlebt, dass Gott nicht geliebt wird, schickt sie sich an, »wiedergutzumachen«. Die Liebe Gottes, die »Erbarmende Liebe« ist nicht bekannt; so wenige Menschen nehmen ihre Zuflucht zur Barmherzigkeit. Jeder appelliert an den gerechten Gott. Man rechnet mit Gott ab, während er sich doch seinem eigenen Bedürfnis entsprechend ver-

---

35 Vgl. Weihe an die Barmherzige Liebe, TvKJ, *Selbstbiographische Schriften*, S. 280.
36 TM, *Ich gehe ins Leben ein, Letzte Gespräche der Heiligen von Lisieux*, S. 201.

schenken will. Thereses Meinung: »Der liebe Gott hat viel Liebe zu verschenken, aber er kann es nicht. Jeder präsentiert ihm seine Verdienste, und das ist so wenig …« Sie stellt sich also vor Gott hin. Sie richtet ihre Gedanken ganz auf ihn und betet: »Gib mir diese Liebe! Ich bin damit einverstanden, Opfer der Liebe zu sein, das heißt alle Liebe zu empfangen, welche die andern nicht annehmen, weil sie nicht zulassen, dass du sie liebst, wie du es möchtest.« So stellt sie in ihrem persönlichen Vertrauen die Barmherzigkeit weit über die Gerechtigkeit. Sie will sich zuinnerst an die Barmherzigkeit verschenken, und das zunächst nicht, um selbst Liebe zu empfangen, sondern um »dem guten Gott Freude zu bereiten«. Gott soll sich mühelos so viel verschenken können, wie er will. Therese will ein Opfer der Liebe sein. Sie stimmt zu, von Liebe verzehrt zu werden, vorausgesetzt, dass Gott damit zufrieden ist. Sie will das, um ihm Freude zu machen, nicht, um heilig zu sein, auch nicht unmittelbar, um die Liebe anderen zu schenken, sondern um Gott zu erfreuen. Ihre Hingabe ist auf Gott ausgerichtet. Therese schaut nur auf Gott; sie lebt von dieser Liebe: sie will Gott zufriedenstellen, ihm Freude machen, es ihm ermöglichen zu lieben.

Im Evangelium liest Therese die Stelle vom Kindsein: um ins Reich Gottes einzugehen, muss man Kind sein.[37] Gewiss, man muss heilig sein; doch wer ist der Größte? Das ist der Kleinste, weil er der Schwächste ist; nicht weil er der ist, der am meisten verdient, sondern weil er durch seine Schwäche und Armut Gott das größte Gefäß anbietet, um alles aufzunehmen. Hier liegt der Kern der mystischen Theologie von Therese. Bei Johannes vom Kreuz findet sie in gleicher Weise

---

37 Vgl. Lk 9,48; 8,16f.

alle Aspekte der Liebe. In *Die lebendige Liebesflamme* und in *Der Geistliche Gesang* beschreibt er ausführlich und eingehend die Wirkungen der Liebe Gottes in der Seele. Seine Beschreibungen stimmen mit der Erfahrung Thereses überein: Gott ist Liebe, Liebe, die sich verströmt.

Liebe und Armut

Was also wird die Sendung Thereses sein? Sie will das weitergeben, was sie entdeckt hat. Gott wurde als Gott der Gerechtigkeit verehrt, ein guter Gott zwar, aber doch einer, der die Verdienste zählt. Therese will die Menschen von diesem bloßen Verstehen göttlicher Gerechtigkeit weg auf den Weg der Barmherzigkeit führen, zu einem absoluten, in sich völlig freiem und unabhängigem Vertrauen, von allen Zwängen losgelöstem Vertrauen, wie sie selbst es lebt.

Vertrauen und Armut, Armut und Vertrauen! Johannes vom Kreuz erklärt ihr, wie die Hoffnung durch die Armut geläutert wird.[38] Sie kann versichern: *Die Erkenntnisse über meine Armut tun mir mehr Gutes, als die Erkenntnisse über Gott.*[39] Therese fühlt das Bedürfnis, sich im Kleinsein zu üben, und sie ist nie glücklicher, als wenn sie arm ist.[40] Ihre Armut ist auf Gott ausgerichtet. Sie versteht sie als eine Fähigkeit, Gott aufzunehmen und Gott Freude zu machen, der sich auf diese Weise verschenken kann.

Therese steht hier in vollem Einklang mit Johannes vom Kreuz, für den sich die umformende Vereinigung in der

---

38 Vgl. JOHANNES vom KREUZ, *Aufstieg auf den Berg Karmel*, S. 347f. und S. 367f.; vgl. MEG, *Ich will Gott schauen*, S. 993.
39 Vgl. TM, *Ich gehe ins Leben ein, Letzte Gespräche der Heiligen von Lisieux*, S. 163.
40 Vgl. TM, *Ich gehe ins Leben ein, Letzte Gespräche der Heiligen von Lisieux*, S. 126; TvKJ, *Selbstbiographische Schriften*, S. 204ff.; S. 215.

absoluten Armut vollzieht. In dieser Armut, dem absoluten Nichts, ist man mit Gott vereint. Johannes vom Kreuz will damit sagen, dass auf dem Weg zu Gott – er nennt ihn den Aufstieg zum Berge Karmel – zwei Einsichten ständig zunehmen: die über die Liebe Gottes und die über die eigene Armut.[41] Es ist wichtig und muss beachtet werden, weil wir uns oft von der Erfahrung unserer Armut aufhalten lassen und denken: »Was wird Gott tun? Ich bin so arm!« Darauf erwidert Therese: »Glücklicherweise sind Sie arm; deswegen gerade werden Sie viel empfangen.« Für Therese sind das Armwerden und die Empfindung der Armut ein Reichtum, weil das den Menschen befähigt, Gott aufzunehmen. Dieses Armsein ist vor allem dann ein Reichtum, wenn es durch eine göttliche Eingebung geschenkt wird – vermittelt durch den Heiligen Geist in den Gaben des Rates und der Wissenschaft besonders zu Beginn des geistlichen Lebens.

Therese bedient sich sogar einer »Kunst der Niederlage«: sie will eine Arbeit bewältigen, stellt sich dieser bewusst und willentlich, doch siehe, ihr Tun misslingt, weil sie ungenau und unzuverlässig oder auch zerstreut war. (Therese legt das als mangelnde Treue aus). Dann sagt sie sich: »Wenn ich treu gewesen wäre, hätte ich den Lohn des Verdienstes erhalten; jetzt, da ich untreu und gedemütigt bin, werde ich den Lohn meiner Armut, meiner Demütigung empfangen.« Dabei ist klar, dass sie nicht die Untreue als solche sucht. Ihre auf Gott bezogene Erkenntnis lautet: Der Kleinste erhält gerade deswegen am meisten, weil er klein und arm ist. Deshalb ist es ihr Ideal, die Kleinheit und Armut zu pflegen.

---

[41] Vgl. JvK, *Geistlicher Gesang*, S. 214ff.; JvK, *Aufstieg auf den Berg Karmel*, S. 283f.; vgl. MEG, *Ich will Gott schauen*, S. 668ff.

Therese freut sich über die Erfahrungen des Armwerdens und auch darüber sich als klein zu erkennen. Natürlich bedarf es für diese Kleinheit und diese Armut, die Gott anziehen, eine gewisse Anstrengung. Therese beschreibt den Weg der Vollkommenheit als einen Aufzug: nicht wir steigen hinauf, sondern der liebe Gott hebt uns empor.[42] Doch bevor der Aufzug kommt, hält sich Therese an der untersten Stufe der Treppe auf und hebt ihren kleinen Fuß.[43] Vergeblich versucht sie, eine Stufe hinaufzusteigen, aber es geht nicht. Ihr Fuß fällt immer wieder zurück. Unaufhörlich ruft sie nach Gott, indem sie ihn zärtlich Papa nennt. So groß ist ihr Vertrauen, das ihr aus der Erfahrung ihres Unvermögens erwächst. Nach einer guten Weile, sagt sie, steigt der liebe Gott herunter, nimmt uns in seine Arme und bringt uns hinauf zum Gipfel. Ein kleiner Zug ihres Lebens zeigt das. Eine Novizin erlebt Thereses große Geduld. Da sagt diese: »Mein Gott, wie mich das reizt! Sie ist so geduldig!« Daraufhin provoziert sie Therese einen ganzen Vormittag lang, ohne jedoch zu erreichen, dass Therese die Geduld verliert. Schließlich wirft sich die Novizin ihr zu Füßen: »Aber wie machen Sie das nur? Sie sind ja so geduldig!« Und Therese antwortet ihr: »Am Anfang war ich wie Sie; aber eines schönen Tages hat der liebe Gott mich genommen und so weit gebracht.« Das ist Thereses Geheimnis: sie erwartet all ihre Vollkommenheit von Gott, der sie nimmt und ihr ihren Platz zuweist.[44]

Als Therese zur Gehilfin der Novizenmeisterin ernannt wird, fühlt sie sich mit dieser Aufgabe überfordert. Da

---

42 Vgl. TvKJ, *Selbstbiographische Schriften*; S. 214.
43 P. DESCOUVEMENT, *Une novice de Sainte Thérèse*; p. 110f.
44 Vgl. TM, *Ich gehe ins Leben ein, Letzte Gespräche der Heiligen von Lisieux* S. 83; *PSH I*; S. 397.

sagt sie sich: »Ich werde mich dem lieben Gott aufopfern. Ich bin sicher, er wird das in meine kleine Hand legen, was ich brauche«; und sie kann hinzufügen: »Es hat mir nie etwas gefehlt.«[45] Ihr Vertrauen wird tatsächlich belohnt. Gott lässt sie in jedem Augenblick das finden, was sie braucht.

Eine neue Spiritualität

Der Schwerpunkt von Thereses Erkenntnissen liegt auf der soeben beschriebenen Erfahrung: die größte Gnade ihres Lebens ist die Erkenntnis vom Erbarmen Gottes. Dank ihrer persönlichen Einsicht und der Wesensverwandtschaft mit Gott entwickelt sich ihr Gottesverständnis. Es gibt aber auch Augenblicke, in denen sie Ängste ausstehen muss, die sie sagen lassen: *Wenn ich im Himmel erfahre, dass ich Sie in Irrtum geführt habe, wird mir der liebe Gott gestatten, es Ihnen sofort mitzuteilen.*[46] Doch im Grunde besitzt sie eine unerschütterliche Überzeugung. Ihre ganzen geistlichen Erkenntnisse werden von diesem tiefen Bewusstsein getragen sein.

In den folgenden Ausführungen will ich versuchen, das zu erläutern. Es war mir zunächst einmal wichtig aufzuzeigen, wie Thereses geistliches Wirken unsere Spiritualität verändert hat. Nicht als wäre sie die einzige gewesen – es gab auch noch andere Botschaften der Liebe – aber ich glaube, dass die von Therese sowohl unter theologischem Gesichtspunkt als auch in Bezug auf Gottverbundenheit die bedeutendste bleibt.

---

45 Vgl. TvKJ, *Selbstbiographische Schriften*, S. 250f.
46 P. DESCOUVEMENT, *Une novice de Sainte Thérèse*, p.107f.; *PSH I*; S. 419.

Pius X. empfahl in den darauffolgenden Jahren (1910) die häufige Kommunion. Das orientiert auf eine positive Heiligkeit hin. Das Verständnis von Heiligkeit und Askese im 19. Jahrhundert war negativ: man sucht vor allem, sich zu reinigen und Gott gegenüber Genugtuung zu leisten. Das besondere Kennzeichen der Spiritualität in unserer Epoche ist der positive Aspekt der Liebe, der in das sittliche Verhalten einfließt. Das macht seinen Erfolg aus. In jeder Epoche folgt der Mensch seiner Gnade und dem Licht, das Gott gibt. Früher lag ein starker Akzent auf dem Opfer; doch in unseren Tagen ist die Gegenwart Gottes und der Kontakt mit ihm stärker zu betonen. In der früheren Haltung lag wohl Größe, doch hatte man nicht die gleiche Erkenntnis über die Liebe Gottes und seine Barmherzigkeit wie heute. Schließlich erfuhr die damalige Spiritualität auch keine große Verbreitung, denn nur wenige Menschen besaßen die Kraft, danach zu leben. Jetzt aber findet das mystische Leben sicherlich eine sehr weite Verbreitung durch die Macht und die Erkenntnis des göttlichen Erbarmens.

So kann man zwei Epochen unterscheiden, und ich glaube, Therese ist die Sendbotin der neuen Zeit. In gewisser Weise hat sie die Spiritualität des Apostels Paulus erläutert und modernisiert. Er sagt: *Durch die Gnade Gottes bin ich, was ich bin ... Die Gnade Gottes ist in mir nicht unwirksam geblieben.*[47]

Um es noch einmal zu sagen: Thereses Größe beruht auf der Entdeckung der göttlichen Barmherzigkeit. Eine ihrer Mitschwestern sagte eines Tages zu ihr: *Wenn man bedenkt, dass wir eine kleine Heilige pflegen!* Darauf meinte sie: *Nun ja, um so besser! Aber ich wünschte, der*

---

47 Vgl. 1 Kor 15,10.

liebe Gott würde das sagen.[48] Als man ihr die Fingernägel geschnitten hat, sagt sie: »Heben Sie diese gut auf; sie werden Freude machen.«[49] Ein andermal meinte sie: »Man sagt, dass ich Tugend habe. Das ist nicht wahr; man täuscht sich ständig. Ich habe keine Tugend; es ist der liebe Gott, der mir in jedem Augenblick gibt, was ich brauche. Ich habe genau das, was ich für den gegenwärtigen Augenblick brauche.«[50] Das sind außergewöhnliche, scheinbar merkwürdige Widersprüche, die einen irritieren können. Therese hat etwas Einzigartiges, etwas sehr Großes an sich. Ich habe mich seit vierzig Jahren viel mit ihr beschäftigt und oft hat mich ihre Größe verwirrt. Sie hat für uns das Wissen von den Gaben des Heiligen Geistes neu zugänglich gemacht. So entspricht zum Beispiel die Erklärung ihrer Kontemplation dem Denken des Thomas von Aquin. Es dreht sich hier nicht um Kindereien noch um neue Dinge, sondern um eine Entdeckung, eine Veranschaulichung der überlieferten Lehre. Meiner Meinung nach ist das eine der großen Gnaden unserer Zeit.

In ihrer Umgebung war Therese ganz allein. Ich kannte Mutter Agnes seit 1927; ich habe sie sehr geliebt und verehrt; sie wie auch ihre Schwester Genoveva waren heiligmäßige Frauen. Aber Therese ist unter ihnen ein Riese, der sie weit überragt.

Sie ist wohl die einzige, die Johannes vom Kreuz gelesen und durch und durch verstanden hat. Trotz ihrer überlege-

---

48 TM, *Ich gehe ins Leben ein, Letzte Gespräche der Heiligen von Lisieux*; S. 200.
49 Vgl. *PSH I*; p. 283.
50 Vgl. TM, *Ich gehe ins Leben ein, Letzte Gespräche der Heiligen von Lisieux*; S. 168; S. 164; Mutter Agnes von Jesus, *Carnet Jaune (Derniers Entretiens)*: L'esprit de Sainte Therese (»Der Geist der heiligen Therese«), Lisieux, 1937; p. 197.

nen Intelligenz und ihres geistlichen Wissens übt sie sich in vollkommenen Gehorsam, ein Beweis dafür, wie sehr ihr Handeln im Übernatürlichen verankert gewesen ist. Wir wollen nun auf praktische Weise dieses Wissen von Gott und seiner Barmherzigkeit entfalten. Therese hat unsere Epoche geprägt. Sie hat es gewissermaßen ermöglicht, Kontemplation und Heiligkeit allgemein zugänglich zu machen und zu verbreiten.

II. Vor Gott wie ein Kind

Therese vom Kinde Jesus hat eine Sendung für die ganze Kirche, die zweifellos über den Karmel hinausgeht. Diese Sendung beruht vor allem auf ihrer Kontemplation. Man hat ihre kleinen Opfer analysiert, ihren Akt der Hingabe an die Erbarmende Liebe und noch andere wichtige Elemente ihrer Spiritualität. Doch meiner Meinung nach ist die eigentliche Basis die Kontemplation: für Therese ergibt sich alles aus ihrer Gotteserkenntnis.

Therese entdeckt das Erbarmen Gottes

Der Gott, den Therese entdeckt, ist nicht mehr der Gott der *Gerechtigkeit*, sondern der Gott der *Barmherzigkeit*. Therese sieht alles im Licht des göttlichen Erbarmens. In langen Stunden inneren Betens hat sie diese Barmherzigkeit entdeckt.

Ihre Erkenntnis beruht auf ihrer Wesensverwandtschaft mit Gott – eine Frucht der Liebe und der Gnade. Sie hat die Liebe, die in Gott ist, gefunden und sie hat auch das göttliche Verlangen erkannt, sich ohne Gegengabe zu verschenken. Darin liegt die tiefe Freude Gottes. Diese Freude des Sich-Schenkens entspringt seiner Natur. Seine größte Freude hat Gott in der Menschheit Christi gefunden, die er mit seiner Gottheit gesalbt hat.

Dasselbe gilt für die Gottesmutter: Gott hat ihr die Fülle der Gnade durch die Bewahrung vor Sünde geschenkt. Christus (in seiner menschlichen Natur) und Maria sind ohne ihr Verdienst überreich mit Gnade erfüllt worden; sie hatten dazu nichts beigetragen, denn sie existierten vorher noch nicht. Gott hat ihnen die Gnade im ersten Augenblick ihres menschlichen Daseins geschenkt. Das also ist Gottes große Freude.

Diese Gotteserkenntnis bildet die Grundlage der Spiritualität von Therese. Darauf baut alles auf. So beschreibt sie ihre Sendung: *Den lieben Gott so lieben zu lehren, wie ich ihn liebe.*[51] Dem haftet nichts Außerordentliches an. Es handelt sich ganz einfach um die Auswirkung unserer Taufgnade. Therese ist sicher eine große Mystikerin und eine große Kontemplative, aber sie ist es dank ihrer Taufgnade. Wir dürfen in unseren Vorstellungen die hohe Kontemplation nicht in sogenannten mystischen Regionen unterbringen, die kein Mensch erreichen kann. Stellen wir sie an den Platz, der ihr zukommt: in die Entfaltung der Taufgnade! Es ist ein großer Irrtum, die außergewöhnlichen mystischen Gnaden hervorzuheben und zu meinen, dass derartiges nur für Heilige sei, für einen Don Bosco oder eine große Teresa. »Ich gehöre nicht zu dieser Kategorie, ich brauche mich also nicht mit so etwas zu befassen und brauche nichts zu riskieren!« Nein, wir sind alle berufen. Das Konzil erinnert uns auf sehr glückliche Weise wieder daran.

Bei Gott sein wie ein Kind

Welche geistliche Lehre wird Therese aus ihrer Erkenntnis der Barmherzigkeit ableiten? Therese hat tatsächlich eine Lehre! Sie hat kein Lehrbuch geschrieben, doch ist es einfach, die Lehre ihren Schriften zu entnehmen.

Weil Gott Vater ist, ein Vater voll Erbarmen, hat er – zögern wir nicht, dieses Wort zu verwenden! – das Bedürf-

---

51 Vgl. TM, *Ich gehe ins Leben ein, Letzte Gespräche der Heiligen von Lisieux* 110; TM, *Briefe* S. 330 an Abbé Belière.

nis, uns zu lieben. Thereses erste Schlussfolgerung daraus ist, bei Gott zu sein ohne auch nur einen Augenblick von ihm zu weichen. Sie sagt: »Ich kenne den lieben Gott; er ist ein Vater. Er ist eine Mutter, die, um glücklich zu sein, ihr Kind auf ihrem Schoß halten muss, an ihrer Brust.«[52] Ein Vater hat das gleiche Verlangen nach Liebe. Therese kannte die Liebe ihres Vaters, der – wie es normal ist – das Bedürfnis hatte, seine kleine Tochter bei sich zu haben. Man muss also in der Nähe Gottes bleiben, in der Absicht, ganz auf ihn ausgerichtet zu sein; darin liegt die Vollkommenheit. »Ich bin nicht für mich da, sondern für ihn. Ich besuche den lieben Gott, weil ihm das Freude macht, und weil er Freude hat, mich zu sehen.«[53] Und das ist wahr! Das sind keine Mythen. Diese Haltung beruht auf der Natur Gottes. Er ist wirklich so. Noch einmal: Ich gehe nicht hin, um etwas zu empfangen, sondern um ihm Freude zu machen. Thereses einziger Beweggrund ist, Gott Freude zu machen.

Wie aber kann sie das tun? Therese hat wunderbar zärtliche Einfälle. Sie mögen naiv erscheinen, aber sie sind doch schön. Therese sagt: »Wenn der Himmel nicht so wunderbar wäre, wie ich ihn mir vorstelle, so würde ich doch versuchen, meine Enttäuschung zu verbergen, um dem lieben Gott keinen Kummer zu machen.«[54] Oder wenn sie im Winter friert, denkt sie: »Der liebe Gott liebt mich. Es gefällt ihm nicht, wenn ich friere und so sehr leide.« Sie versucht dann, ihr Leiden vor ihm zu verbergen. So reibt sie sich die Hände und sagt: »Ich tue es heimlich, damit der

---

52 Vgl. TvKJ, *Selbstbiographische Schriften*, S. 192.
53 Vgl. TvKJ, *Selbstbiographische Schriften*, S. 176.
54 Vgl. TM, *Ich gehe ins Leben ein, Letzte Gespräche der Heiligen von Lisieux*, S. 43f.

liebe Gott mich nicht sieht, damit er keinen Kummer hat.«[55] Kindereien wird man sagen ... Ja, die Ausdrücke sind Kindersprache, aber die Absicht ist sehr zartfühlend. Sie zeigen ihr ganzes Feingefühl Gott gegenüber. Das ist Liebe, aber nicht die Liebe, die etwas für sich haben will, sondern die Liebe, die schenkt. Das ist ganz gewiss etwas anderes als die Gerechtigkeit »wie du mir, so ich dir«; ich gebe dir etwas, damit du mir etwas gibst. Man kommt mit Rechnungen, und Gott ist dann verpflichtet zu geben, was geschuldet ist. Nein, was Therese sucht, ist, Gott Freude zu machen. Damit hat ihre Botschaft eine kontemplative Grundlage. Wer auch immer nach dieser Lehre leben möchte – Ordensleute, Priester oder Laien – Thereses Lehre fordert eine kontemplative Basis: Suchen nach Gott, suchen nach dem Kontakt und dem Leben mit ihm. Ziel dieser Haltung ist, Gott Freude zu machen, weil er sich freut, wenn seine Kinder bei ihm sind, und weil er uns liebt, wie ein sehr guter Vater seine Kinder liebt.

Die grundlegende Haltung und die erste Folgerung sind: man muss sich in der Nähe des guten Gottes aufhalten. Wenn man Therese bekannt machen will, wird man, so meine ich, viel gewinnen, wenn man dies zuerst hervorhebt und sich nicht auf die kleinen Opfer und die Weihehingabe beschränkt. Alle diese Dinge sind gewiss auch wichtig, aber vor allem gilt es, sich Gott zu überlassen, um ihm Freude zu machen. Hat man das begriffen, so hat man das Wesentliche erfasst. Kinder begreifen das sehr gut; dank ihres kindlichen Gespürs wissen sie genau, dass ihre Mutter sie um sich haben möchte.

---

55 Vgl. *PSH II*; S. 175; CÉLINE MARTIN, *Meine Schwester Therese*; S. 70.

Gott ins Angesicht schauen

Kontemplation besteht vor allem darin, bei Gott zu sein und ihn anzuschauen. Legen wir zu diesem Zweck alle Begriffe beiseite, die wir gehört haben: Meditation, Gefühle, Empfindungen und so weiter. Sie sind vergleichbar mit der Farbe eines Gewandes, das wir anlegen, um jemand zu besuchen. Das Gewand ist ganz und gar zweitrangig, wichtig ist allein das Gesicht.

Der Kontakt mit Gott war für Therese sehr weitreichend. Während eines Gespräches mit ihrer Schwester Genoveva – ich sprach oft mit ihr und versuchte natürlich, alle ihre Geheimnisse kennenzulernen – sagte sie mir:
– »Meine Schwester hatte keine besonderen Andachtsformen.«
– »Wie? Wirklich nicht?«
– »Nein! Zum Beispiel verstand sie die Verehrung des Herzens Jesu nicht so wie allgemein üblich.«
– »Warum?«
– »Weil man daraus eine Andacht gemacht hat, obgleich sie eine Verehrung der Liebe Gottes ist. Thereses eigenes Verständnis ging über alle gebräuchlichen Übungen hinaus: der erste Freitag im Monat und so weiter.«
– »Aber das Heiligste Antlitz?«
– »Oh, die Andacht zum Heiligsten Antlitz ist keine Andacht (sagte sie mir). Wenn Sie jemand lieben und Sie ihn anschauen, dann schauen Sie auf sein Gesicht, nicht auf seine Fersen oder seine Schultern.«

Für Therese bestand die Andacht zum Heiligsten Antlitz darin, Gott anzuschauen. Das ist durchaus in Ordnung, weil auf Gott ausgerichtet.

Therese schaut auf Jesus; sie sucht seinen Gesichtsausdruck in den Weissagungen des Jesaja, im Heiligsten Antlitz, das voller Schmerzen ist. Die Andacht zum Antlitz Jesu ist nur eine Besinnung auf die Person, denn das Antlitz stellt die Person dar. Therese hat vollkommen recht: „Sein Antlitz, das ist mein Licht, das ist meine Andacht."[56] Sie schaut Gott durch sein menschliches Gesicht hindurch an, denn dort findet sie das Abbild seiner Gottheit und zugleich die Spuren seines Leidens.

Gott anschauen, sein Angesicht anschauen, ihn selbst anschauen: das ist Kontemplation. Sie ist ein einfacher Blick auf die Wahrheit (simplex intuitus veritatis). Therese schaut Gott ins Antlitz, um seine Empfindungen und seine Handlungsweisen zu sehen, um seine Vorlieben zu erkennen und sich ihnen anzuschließen; nicht um sich zu bereichern, sondern um ihm Freude zu machen. Deshalb nimmt sie auch das Evangelium zur Hand, um darin den »Charakter des lieben Gottes« kennen zu lernen.[57]

Einfachheit des kontemplativen Schauens

Anfangs wurde Thereses Schauen auf Gott von großer Frömmigkeit und durch viele angenehme Empfindungen angespornt. Sie berichtet, wie ihre Kommunion ein *Einswerden*[58] war. Später lernte sie bei Johannes vom Kreuz den Kontakt durch den Glauben, der in das Innere Gottes eindringen lässt und Gott schenkt: Von da an genügt ihr das.

Teresa von Avila sagt uns: »Ich weiß, dass Ihr Euch mit dem Glauben aufrecht halten könnt, ohne etwas zu sehen,

---

56 Vgl. TM, *Ich gehe ins Leben ein, Letzte Gespräche der Heiligen von Lisieux*; S. 147.
57 Vgl. *PSH I*; S. 258; vgl. Phil 2,5.
58 TvKJ, *Selbstbiographische Schriften*; S. 73.

ohne etwas zu denken.«[59] Das verwirklicht Therese vom Kinde Jesus, ohne es ausdrücklich zu sagen. Sie empfindet keinen Gefallen, sie kann keine Gedanken mehr fassen, nichts. Sie ist eine so große Kontemplative, weil ihr inneres Gebet nichts anderes ist als ein Eintauchen in den Glauben. Man erfährt bei ihr keine Einzelheiten. Sie erzählt nie von ihrem Sprechen mit unserem Herrn. Es ist ein Kontakt in Trockenheit und Unvermögen. Sie schreibt: »Jesus führt mich in einem unterirdischen Gang, wo es weder kalt noch warm ist.«[60] Sie empfindet nicht einmal Überdruss. Hätte sie ihn empfunden, wäre das noch eine Erfahrung gewesen, doch da ist nichts mehr, nichts als völlige Leere. Es gibt nur ein *gedämpftes Licht, das Licht, das die gesenkten Augen im Antlitz meines Verlobten ausstrahlen.*[61] So ist ihr Gebet während ihres ganzen Lebens im Karmel.

Noch größere Trockenheit erfährt Therese bei ihrer Danksagung, wenn unser Herr in ihr gegenwärtig ist. Schließlich bittet sie die Engel, für sie Gott zu danken, weil in ihr nichts als Trockenheit ist. »Ich rufe die heilige Jungfrau und die Heiligen herbei«, sagt sie, »damit sie zu Jesus etwas sagen, denn ich selbst weiß ihm nichts zu sagen.«[62] Und hier noch ein originelles Geständnis: »Ich weiß ihm nichts zu sagen; deshalb rufe ich die Engel und die Heiligen herbei und sage ihnen: »Regelt ihr das mit Gott; er ist da; ihr werdet ihm ein Fest bereiten.«

Therese veranschaulicht ihre Erfahrung beim inneren Beten durch das Bild eines kleinen Vogels. *Er hebt seinen*

---

59 TERESA von AVILA, *Weg der Vollkommenheit*, S. 166ff.; vgl. MEG, *Ich will Gott schauen*, I, S. 82ff.
60 TM, *Briefe*; 146 an Schwester Agnes von Jesus.
61 Ebd.
62 Vgl. TvKJ, *Selbstbiographische Schriften*; S. 176.

Kopf, um seinen Blick auf die göttliche Sonne zu richten.[63] Aber wegen des Nebels schläft der kleine Vogel manchmal ein ... Ich habe eines Tages diesen Vergleich in den authentischen Handschriften entdeckt, die noch nicht veröffentlicht waren, und ich gestehe, das ich vor diesem Text ins Stocken geraten bin. Ich sagte damals: Das ist der schönste Abschnitt, aber man erkannte seinen Wert nicht. Warum? Weil man behauptete, ihr Gebet sei diskursiv gewesen, sie habe brav das Evangelium betrachtet wie ein guter Theologiestudent im zweiten Studienjahr. Aber in Wirklichkeit hat sie in Trockenheit gelebt. Und genau das macht sie zu einer großen Beschaulichen.

Die Kontemplation ist ein *simplex intuitus*, das heißt ein einfaches Schauen auf die Wahrheit, auf Gott. Was bedeutet einfach? Dem Schauen ist absolut nichts anderes beigefügt. Einfach ist etwas, das keine Verzierung hat, keine zugefügten Elemente, sondern einzig die Natur dieser Sache an sich. In diesem Sinne ist die Kontemplation Thereses sehr einfach: für ihren sehr einfachen Blick braucht es keinerlei Verzierung oder irgendein zweitrangiges Element. Es gibt nur den Blick, ohne Trost und ohne Erleuchtung. Das ist mit dem einfachen Schauen gemeint. Man könnte sagen: das bedeute nicht viel, das sei zu einfach. Aber genau diese Einfachheit macht ihre Vollkommenheit aus!

Wer ist Gott? Drei Personen in einer einzigen Gottheit. Welches ist die größte der göttlichen Eigenschaften in der Ordnung des Seins? Die Einfachheit. Gewiss, Gott umschließt in seiner Einfachheit allen Reichtum seiner göttlichen Eigenschaften. Was macht die Schönheit des Sonnenlichtes aus? Dass es so einfach ist. Man kann es mit

---

63 Vgl. TvKJ, *Selbstbiographische Schriften*; S. 204.

Hilfe eines Prismas zerlegen, aber in sich ist es einfach. Wir sehen nur das Wesentliche, frei von allem Zusätzlichen. Johannes vom Kreuz sagt, dass genau darin vollkommene Kontemplation besteht: Er vergleicht sie mit einem Lichtstrahl, der durch ein Fenster eintritt und es auf der anderen Seite wieder verlässt. Wenn die Luft ganz rein ist, sieht man absolut nichts; wenn es dort aber Mikroben und Staub gibt, sieht man sie im Sonnenstrahl tanzen. Ist die Luft sehr rein, wird der Sonnenstrahl durch das Glas auf der einen Seite eindringen und es auf der anderen Seite wieder verlassen, ohne dass man es sieht. Genauso ist es, sagt er, mit der Kontemplation in einer Seele: ihre Reinheit macht ihre Vollkommenheit, und ihre Einfachheit ihre Erhabenheit aus.[64] Wenn im Bereich des Handelns die Barmherzigkeit das höchste der göttlichen Attribute ist, dann ist es im Bereich des Seins die Einfachheit.

Umformender Blick

Dieser so einfache Kontakt mit Gott bewegt Gott – gerade wegen seiner Einfachheit und Reinheit. Er dringt in das Innere Gottes ein, er erreicht das göttliche Sein und hat auch Folgen. Dieser so einfache Kontakt ist wirksam. Er errichtet eine Verbindung zwischen der Seele und Gott. Man könnte sagen: Eine lange andauernde, reine Kontemplation bereichert die Seele mit Gnade, mit göttlicher Substanz. Sie entfaltet die Gnade in besonderer Weise, denn sie stellt die Vereinigung von Seele und Gott her: sie bewirkt eine harmonische Beziehung zwischen der göttlichen Liebe und der Seele.

---

64 JvK, *Aufstieg auf den Berg Karmel*; S. 198f.

Diese ganz einfache Kontemplation, in der Gott sich verströmt, bewirkt eine Umformung. Alles, was wir einsetzen (unsere Betrachtung, unsere schönen Ideen, unsere Vorliebe ...), kann die Umformung eher verhindern oder ihre Wirksamkeit einschränken. Sie können ein Hindernis für die Reinheit des Kontaktes bilden, weil wir uns davon fesseln lassen. Mehr noch: wir schätzen uns glücklich, Trost zu empfinden. Und wenn wir auch nicht glauben, dass wir Heilige sind – so weit gehen wir nicht –, so doch wenigstens, dass unser Gebet gar nicht so schlecht sei. Alle diese zweitrangigen und menschlichen Elemente, an die wir uns klammern, hindern uns, Gott zu berühren und mit ihm die Verbindung aufzunehmen.

Das ganz einfache Schauen bewirkt also eine Umformung. Wie könnte man sonst erklären, dass die *Selbstbiographischen Schriften* so voll des Göttlichen sind? Wir fühlen es alle: diese Seiten sind mit Göttlichem geradezu überladen. Ich erinnere mich meines Eindrucks, als ich zum erstenmal die noch unveröffentlichten Briefe Thereses an ihre Brüdermissionare in Händen hielt. Ich sagte mir zunächst: »Briefe wie diese erhalte ich von Karmelitinnen jeden Tag! Das ist derart einfach; es gibt nichts, nicht einmal einen wirklich großen Elan, nichts von all dem.« Aber wenn man nach und nach tiefer in sie eindringt, merkt man, dass sie eine außergewöhnliche Botschaft enthalten. Man versteht sehr gut, dass eine Karmelitin von Lisieux sagen konnte: »Diese Kleine! Unsere Mutter wird sehr in Verlegenheit sein, um den Rundbrief nach ihrem Tod zu verfassen, denn sie hat nichts getan, was die Mühe lohnen würde, davon zu erzählen.«[65] Das ist derart

---

65 Vgl. *PSH I*, S. 289. »Unsere Mutter« ist die Priorin des Klosters. Der »Rundbrief« wird an die anderen Karmelitinnenklöster gesandt und

einfach! Daran fällt wirklich nichts auf! Man beachtet die originellen Menschen, aber nicht die einfachen.

Thereses Sein wurde von dieser ganz einfache Kontemplation mit Göttlichem und Übernatürlichem völlig durchdrungen, wie die *Selbstbiographischen Schriften* zeigen. Ihre Schwester Maria vom Heiligsten Herzen hatte völlig recht, als sie dringend bat, Therese solle ihr etwas schreiben, egal in welcher Form.[66]

Was steht nun Besonderes in den *Selbstbiographischen Schriften*? Fast nichts. So versteht man leicht, dass Menschen, die kein Gefühl für das Übernatürliche haben, sich fragen, warum man den kleinen Geschichten einer Ordensfrau und den unbedeutenden Vorfällen in einer Gemeinschaft überhaupt Aufmerksamkeit schenkt. Tatsächlich finden wir aber bei Therese in allem eine Gottverbundenheit. Ihre Heiligkeit, ihre Entdeckung Gottes und die Entdeckung des göttlichen Erbarmens hat sie durch die von ihr beschriebene Kontemplation verwirklicht.

Hier öffnet sich uns ein Weg, gleichsam eine Lehre, die ich gern verbreitet sehen möchte. Wir müssen einen beträchtlichen Teil unseres Lebens dieser Kontemplation widmen. Sie ist ein Kontakt, eine Vereinigung mit Gott, ein ununterbrochenes Schauen auf ihn. So hat es Therese gemacht.

Kontemplative Askese

Noch ein weiterer Aspekt ist zu erörtern, nämlich der der Askese. Man darf hier nicht einfach nur die Übertreibungen der Vergangenheit zurückweisen. Askese bleibt sicher not-

---

berichtet über das Leben einer verstorbenen Schwester und darüber, was an ihr vorbildlich war.
66 *PSH I*; p. 225.

wendig. Wie aber sieht die Askese eines Menschen aus, der das Erbarmen Gottes erfahren hat und daraus lebt? Therese hat sich dazu auf das Evangelium vom *Kind-sein* bezogen. Man muss Kind sein, sagt sie. Was soll das heißen? Nichts tun? Keineswegs! Sie ist ein sehr energisches und geradezu heroisches Mädchen. Sie macht sich die Situation eines Kindes oder besser die Einsicht, dass Gott Erbarmen ist, zunutze. Dadurch bezwingt sie den Stolz, den wir oft in die Askese hineinlegen.

Ein wichtiger Punkt! Wir wollen uns Gott nähern, aber auf eigene Faust: »Du wirst sehen, wozu ich fähig bin! Es ist doch selbstverständlich, mein Gott: du wirst mir helfen, nicht wahr?« In unserem Selbstvertrauen und im Dynamismus, den wir vor allem in der Jugend haben, und im Vertrauen auf unsere Intelligenz sagen wir: »Mein Gott, ich nehme die Mühe auf mich; hilf einfach, und es gelingt!« Dieses Stolzsein auf die eigene Anstrengung stellt natürlich ein großes Hindernis dar. Das Selbstvertrauen schränkt unsere Aktivität weitgehend ein und schwächt sicher auch deren Wirksamkeit. Theoretisch wissen wir sehr gut: Gott wirkt alles. Dennoch wollen wir alles aus uns selbst tun und nehmen so den Platz Gottes ein. Wir sagen: »Um das mystische Leben kümmere ich mich später, wenn Schwierigkeiten auftreten; für den Augenblick komme ich gut zurecht, und das wird sicher so bleiben.« Ja, es gibt einen Stolz in der Askese, einen Stolz in der apostolischen Arbeit. Wir verwechseln so leicht Heiligkeit mit Heroismus. Wir wollen Helden sein, das heißt, wir wollen den Erfolg unserer physischen oder intellektuellen Kräfte absichern, vor allen Dingen wollen wir den der menschlichen und natürlichen Macht bestätigen. Der Held meint aus eigener Kraft den Sieg im Kampf zu erringen.

Der Heilige aber lässt Gott siegen. Hier liegt der Unterschied. Wir sind heilig, wenn Gott alles in uns bewirkt, und wir sind nur dann vollkommene Kinder Gottes, wenn Gott uns leitet, uns Einsicht schenkt, und wenn wir uns ihm vollständig überlassen.

Am Anfang unseres geistlichen Lebens steuern wir unbewusst auf eine gewisse Heldenhaftigkeit zu. Wir haben unsere eigenen Kräfte erfahren. Der Stolz treibt uns an, diese Kräfte zu zeigen. Dem ist man auch im geistlichen Bereich ausgesetzt. Das ist fast unvermeidbar. Auch Therese wollte zunächst Jeanne d'Arc nachahmen.[67] Bald wurde ihr klar, worin die Versuchung bestand. Sie hat diese überwunden: Sie wollte nur noch ein schwaches, unfähiges Kind sein. »Das bist du, mein Gott, der alles tut.«[68]

Auch wir erliegen der Versuchung des Stolzes in der Askese, wenn wir alles aus uns selbst tun wollen und das erstreben, was glänzt. Therese sagt im Zusammenhang mit außergewöhnlichen Abtötungen – und darin zeigt sie in ihrem Karmel besonderen Mut – »Der liebe Gott will das nicht für mich!« Sie hatte versucht, ein Eisenkreuz mit Stacheln zu tragen. Dadurch ist sie jedoch krank geworden.[69] So begriff sie, dass diese Art der Askese nicht die ihre war. Eine solche Äußerung konnte damals, besonders im Karmel von Lisieux, beinahe den Eindruck erwecken, man sei eine schlechte Ordensfrau.

---

67 Vgl. TvKJ, *Selbstbiographische Schriften*; S. 66.
68 Vgl. Weiheakt an die Barmherzige Liebe … *und ich bitte dich, o mein Gott, sei du selbst meine Heiligkeit!*; TvKJ, *Selbstbiographische Schriften*; S. 280.
69 Vgl. TM, *Ich gehe ins Leben ein, Letzte Gespräche der Heiligen von Lisieux*; S. 125; *Derniers Entretiens/Annexes*; note a, p. 497.

Während meines Noviziats[70] trugen wir fast alle Tage Bußwerkzeuge. Das schien ganz normal, denn man meinte, man könne Novizen nicht ohne außergewöhnliche Bußwerkzeuge heranbilden. Die Gürtel aus Rosshaar taten nicht besonders weh, aber am Ende des Tages waren wir doch sehr nervös. Es war auch üblich, Ketten oder Bänder aus Eisen an den Armen oder Beinen zu tragen. Am Abend konnte, wer blutige Glieder hatte, sagen: »Mein Gott, sieh her, was ich für dich vollbracht habe!« Dabei konnte man leicht echte Fehler übersehen. Auch zur Zeit von Therese praktizierte man diese Art von Askese, die ich »Askese 1900« nenne. Thereses Einfluss hat seitdem bewirkt, dass sich die Meinungen geändert haben. Sie hat diese Praktiken, die zu ihrer Zeit allgemein gebräuchlich waren, geradezu in Verruf gebracht, und zwar wegen des Stolzes, der sich dahinter verbirgt. Sie sagt: »Der liebe Gott verlangt von uns nicht, Abtötungen und Prüfungen anzuhäufen.« Vielleicht erkennen wir heute die Bedeutung dieser Aussage nicht mehr so klar. Früher jedoch, als eine Spiritualität der Wiedergutmachung betont wurde, bestand diese Wiedergutmachung üblicherweise in außergewöhnlichen Abtötungen.

Zuverlässig in den Alltagspflichten

Enthält sich Therese jeder Askese? Nein! Aber alles liegt für sie in der treuen Ausübung der alltäglichen Pflichten. Dieses Mädchen aus der Normandie hat einen gesunden Menschenverstand! Alle Energie, die man früher für außeror-

---

70 Heinrich Grialou hat sein Noviziat im Karmelitenkonvent in Avon von 1922 bis 1924 gemacht. Er war dort mit 27 Jahren unmittelbar nach seiner Priesterweihe eingetreten.

dentliche Abtötungen aufwandte, setzt Therese in der genauen Pflichterfüllung ein. Die Aufgaben, die ihr gestellt werden, erfüllt sie rechtschaffen und geradezu vollkommen. Mit Leib und Seele ist sie auf die Erfüllung ihrer Pflichten ausgerichtet, gleich welcher Art sie sind. Voller Eifer verrichtet sie diese: Decken ausschütteln, eine Treppe kehren oder ein Apostolat ausüben. Diese Haltung erwartet sie auch von anderen. Die Formung, die die Novizinnen durch Therese erhalten, soll diese zur gewissenhaften Erfüllung ihrer Pflichten anleiten. Thereses sorgfältiges und unauffälliges Arbeiten hält man für selbstverständlich; so fällt sie nicht auf. Mutter Marie de Gonzague, eine etwas melancholische Frau mit autoritärem Temperament, vervielfältigt Therese gegenüber die Verpflichtungen und Anweisungen. Ihre Kommunität weiß um deren Art von Anweisungen: nach einer Woche entfällt wieder, was sie angeordnet hatte. Man erwartet nicht, dass die Anordnungen zurückgenommen werden, vielmehr erwartet man wieder neue Anweisungen. Therese aber kommt einer Anweisung so lange nach, bis die Oberin ihr Gegenteiliges sagt.[71] So treu übt sie den Gehorsam!

Sie ist dabei sogar bis in Einzelheiten gegangen, die uns heute wohl lächerlich vorkommen, was aber aus der damaligen Zeit zu verstehen ist. Ein Beispiel für die Beobachtung der Armut: Sie benutzte die Rückseite der Briefumschläge oder schrieb auf winzige Papierstücke. Meistens sind ihre Mitteilungen auf Zettel geschrieben, die auf der anderen Seite bereits beschrieben waren; ihre Umschläge verwendete sie mehrmals. Weil sie sich nur selten ihrer Feder bediente, rostete diese von einem zum andern Mal. Deshalb

---

71 Vgl. *PSH I*; S. 429.

schabte sie sie ab und weichte sie dann in ihrer Milchtasse ein, um sie geschmeidig zu machen.

Das ist – gemäß dem Verständnis dieser Zeit – ein Zeichen von Treue.[72] Heute würden wir nicht mehr so handeln. Aber Therese ist zu einer Zeit ins Kloster eingetreten, als solche Verhaltensweisen im Karmel üblich waren; sie entsprachen festen Gewohnheiten. Noch bezüglich vieler anderer ähnlicher Punkte zeigte Therese eine peinliche Genauigkeit. Gewissenhaft erfüllte sie ihre Pflichten in vollkommener Weise in dem Bewusstsein, vor Gott zu stehen. Das war ihre Askese. Es versteht sich von selbst, dass eine solche Askese sehr verdienstvoll, aber auch sehr schwierig ist. Wenn wir versuchen, in dieser Haltung unserer Alltagspflicht nachzukommen, werden wir die Schwierigkeiten der Askese erkennen, denn es gilt, unser ganzes Tun während des Tages als unsere Standespflicht und damit als unsere Aufgabe zu betrachten und nicht nur die beruflichen Verpflichtungen. In Thereses Bemühen um Vollkommenheit in allem Tun und Handeln liegt sicher ein großer Wert.

Wegweisende Nächstenliebe

Wesentlich war für Therese die Nächstenliebe. Hierin bewies sie ihre Heiligkeit. Die Liebe zu ihren Schwestern zeigte sich in außergewöhnlicher Feinfühligkeit. So hatte sie beispielsweise im Noviziat eine Schwester als Gefährtin, die sich an Mutter Marie de Gonzague gehängt hatte (was ja für ein junges Mädchen normal ist).

---

[72] Vgl. *PSH II*; S. 287; CÉLINE MARTIN, *Meine Schwester Therese*; p. 142.

Die junge Schwester besuchte Mutter Gonzague so oft wie möglich.[73] Man hatte Schwester Therese erlaubt, sich mit dieser Schwester zu unterhalten. In den Konstitutionen des Karmel ist vorgesehen: zwei Schwestern können sich mit Erlaubnis der Priorin miteinander unterhalten, um sich gegenseitig zur Tugend anzuspornen. Therese hatte gesehen, dass die junge Schwester viel zur Mutter Priorin ging. Auch sie selbst verspürte mit ihren 18 Jahren ein unbändiges Verlangen, etwas Zuneigung zu bekommen, einen Trost oder auch nur einen einfachen Kontakt mit ihrer Priorin zu haben. Manchmal war ihr Wunsch, zu ihr zu gehen, so groß, dass sie sich am Treppengeländer festhielt, um nicht auf der Stelle dorthin zu gehen.[74] Das half ihr, ihre Mitschwester zu verstehen, die so oft zur Priorin ging. Eines Tages entschloss sie sich, ihre Mitschwester darauf anzusprechen. »Da wir zusammen sind, um uns zur Tugend anzuspornen, meine Schwester: wissen Sie, ich glaube, dass sie die Mutter Priorin zu oft besuchen.« Damit nahm sie ein großes Risiko auf sich, denn schließlich konnte die Schwester augenblicklich zur Priorin gehen und ihr alles erzählen. Therese hatte mutig gewagt, die Wahrheit zu sagen, und dank ihrer Haltung hat die Schwester das auch verstanden.

Eine andere, ein etwas melancholische Schwester arbeitete wie eine Wahnsinnige, um ihre Melancholie zu vertreiben. Abends war sie dann sehr müde. Therese sah sie in diesem Zustand. Sie wusste aber nicht, wie sie ihr helfen könnte, denn es war bereits die Zeit des großen Schweigens nach der Komplet. So stellte sie sich an die Schwelle ihrer Zelle, und als die Schwester vorbeikam, zeigte Therese ihr

---

73 Vgl. TvKJ, *Selbstbiographische Schriften*, S. 248.
74 Vgl. TvKJ, *Selbstbiographische Schriften*, S. 249.

liebenswürdigstes Lächeln. Nach dem Tod Thereses sagte diese Schwester: »O, dieses Lächeln von Schwester Therese! Mir schien, dass es mir über alle meine Kümmernisse hinweghalf!«[75]

Therese hatte die Aufgabe, eine Statue des Jesuskindes im Kreuzgang zu schmücken. Der Gewohnheit des Karmel gemäß, ging man am 25. eines jeden Monats dorthin, um ein Lied zu singen. Therese hatte Blumen hingestellt, künstliche Rosen. Eine alte, gute Schwester vertrug Rosenduft nicht. Der Anblick einer Rose ließ sie schon fast ohnmächtig werden. Als nun die Gemeinschaft kam, um zu singen, schaute Therese zu dieser Schwester. Sie sah, dass ihr bereits schlecht wurde. Darüber hätte sie leicht ein wenig lachen können und vielleicht wäre diese dadurch sogar geheilt worden! Aber nein! Therese lief zum Strauß, nahm eine Rose, wendete sich der Schwester zu und sagte *zu ihr: Sehen Sie, Mutter, wie gut man heutzutage die Natur nachbildet...* Dann stellte sie die Rose zurück. Natürlich hat sich die Schwester augenblicklich erholt.[76] Alle diese kleinen Aufmerksamkeiten beweisen das Feingefühl von Therese.

Im Karmel von Lisieux gab es eine recht schrullige Schwester; solche gibt es überall. Sie brauchte für ihre Arbeit eine Hilfe, aber niemand konnte mit ihr zusammenarbeiten, weil sie jedem die Art, wie die Dinge getan werden sollten, aufnötigte: So und nicht anders musste man sich setzen, die Nadel halten. Den ganzen Tag galt es, eine Menge kleiner Vorschriften zu beachten. Alle liefen ihr

---

75 *Komplet* ist das letzte Abendoffizium, das gemeinsam gebetet wird. Das »große Schweigen«, das die Regel bis zum Morgen vorschreibt, musste völliges Schweigen sein. Vgl. das allgemeinere Zeugnis von Schwester Therese vom hl. Augustinus in *PSH II*, S. 318.
76 Vgl. CÉLINE MARTIN, *Meine Schwester Therese*, S. 111 etc.

davon, so sehr reizte sie ihre Mitschwestern. Eines Tages sah Therese, dass dieser Schwester niemand half. Deshalb bat sie die Priorin: »Meine Mutter, Schwester X. ist ohne Hilfe. Es wäre mir recht, wenn Sie mich zu ihr schicken würden; ich glaube, ich würde diese Arbeit gern tun.« Die Priorin ergriff die günstige Gelegenheit beim Schopf und schickte Schwester Therese, um der besagten Schwester einige Stunden am Tag beizustehen. Sie ging also zu ihr und setzt sich ganz liebenswürdig hin, hielt die Nadel und verrichtete die Arbeit genau nach deren Vorschrift. Jedesmal, wenn sie einen Ärger gegen diese Schwester verspürte, lächelte sie ihr wohlwollend zu.[77] Das dauerte einige Monate! Man kann leicht ermessen, was das bedeutet.

Nach dem Tod von Schwester Therese sprach man in der Gemeinschaft über sie und alle lobten sie. Die Schwester, der sie geholfen hatte, sagte: »O ja, Schwester Therese war so freundlich, so gut, so liebenswürdig! Was mich betrifft, so empfinde ich ihr gegenüber keine Reue; denn die ganze Zeit, die sie bei mir war, habe ich sie sehr glücklich gemacht!« Welch tiefe Liebe setzt das voraus? Wenn Therese auch nur ein einziges Mal ihre Erregung gezeigt hätte, hätte die Schwester diese Bemerkung nie gemacht; aber Therese zeigte der Schwester ihr schönstes Lächeln! So gibt sie uns das Beispiel ständiger Tugend, einer Vollkommenheit bis ins kleinste hinein, einer Liebe in jedem Augenblick.

Wenn Therese nicht in der Rekreation (gemeinsame Freizeit aller Schwestern) war, sagte man: »Heute gibt es nichts zum Lachen, weil Schwester Therese nicht da ist.« Sie hatte die Begabung, andere auf unterschiedlichste Weise auf-

---

[77] Vgl. TM, *Ich gehe ins Leben ein, Letzte Gespräche der Heiligen von Lisieux*; S. 101ff.; *Derniers Entretiens/Annexes*; note k, p. 473.

zuheitern. Manchmal ahmte sie die Prediger nach. Ihre kurzen, amüsanten Geschichten, die die Gemeinschaft zum Lachen brachten, erzählt man heute noch. Sie passte sich allen an, obgleich sie weit intelligenter war als die, mit denen sie lebte.

Die Glaubensprüfung

Zu dieser Treue bis ins kleinste fügt Gott Läuterungen hinzu. Therese hatte die Läuterung der Sinne und jene des Geistes schon vor ihrem Eintritt in den Karmel erfahren. Gott hat ihren Glauben in der Erfahrung der Trockenheit vervollkommnet. Als sie daran gewöhnt war, Zeiten der Trockenheit zu ertragen, begann für sie – das war um das Weihnachtsfest 1895 – eine Periode der Entfaltung. Danach folgten Versuchungen gegen den Glauben.[80] Therese verglich sie mit einem immer dichter werdenden Nebel; gleichzeitig wurde sie von einem Gefühl des Nichts erfasst, eine Art innere Stimme sagte zu ihr: »Nur zu! Nur zu! Im Jenseits gibt es nichts mehr, nichts als das Nichts.« Sie betete zu den Heiligen, aber, so sagte sie, »sie antworten mir nicht mehr«. Früher ließen ihr diese und auch ihre kleinen Geschwister im Himmel die Gnaden zukommen, um die sie bat. Sie selbst meinte dazu: »Sie wollen sehen, wie weit mein Vertrauen geht.«[81] Und sie fügte hinzu: »Früher schaute ich mit Freude zum Himmel auf; jetzt ist er völlig

---

78 Vgl. TvKJ, *Selbstbiographische Schriften*, S. 219–223. Diese Glaubensprüfung begann an Ostern 1896.
79 Vgl. TM, *Ich gehe ins Leben ein, Letzte Gespräche der Heiligen von Lisieux*, S. 216; S. 183.
80 Vgl. *PSH I*, S. 259; *PSH II*, S. 150.
81 Mutter Françoise-Therese folgte auf Mutter Agnes von Jesus, die am 28. Juli 1951 verstorben war.

verschlossen.« Sie wagte kaum, diese Versuchung gegen den Glauben zu schildern aus Angst zu lästern. Um dagegen anzukämpfen, schrieb sie mit ihrem Blut das Credo auf und trug es bei sich.[82] Dennoch bestanden ihre Versuchungen gegen den Glauben weiterhin. Wenn man ihre Heiligkeit und ihre Gotteserfahrung kennt, kann man nur vermuten, wie sehr sie unter einer derartigen Versuchung litt. Diese dauerte bis zu ihrem Tod.

In Liebe leiden

Therese hatte um den Tod Jesu am Kreuz gebeten,[83] und sie ist erhört worden. Bei Johannes vom Kreuz liest man, dass der Tod des Gerechten der Liebestod ist, der die Seele ganz sanft hinwegnimmt. Diesen Tod hat Therese nicht gehabt. Eines Tages schaute ich mir zusammen mit Mutter Franziska-Therese den Karmel von Lisieux an. Als wir durch den alten Teil des Karmels gingen, sagte sie zu mir:»Das hier ist die Herz-Jesu-Statue, zu der Mutter Agnes am Nachmittag des 30. September (1897 – vor dem Tod Thereses) ging, um zu beten.« Ich sagte: »Wie? Was ist das? Nie hat man davon gesprochen.« Daraufhin erklärte sie: »Ja, am Nachmittag des 30. September war die Versuchung gegen den Glauben für Therese derart übermächtig, dass sie von völliger Dunkelheit umgeben war. Einige Stunden vor ihrem Tod perlte Schweiß über ihre Stirn. Erregt lag sie in ihrem Bett und bat, sie mit Weihwasser zu besprengen. Sie sagte: »Wie sehr muss man für die Sterbenden beten.« Offensichtlich befand sie sich fast in einem Zustand der Verzweiflung. Als Mutter

---

82 Vgl. TM, *Ich gehe ins Leben ein, Letzte Gespräche der Heiligen von Lisieux*; S. 57ff.; S. 78.
83 Mk 15,34f.

Agnes ihre Schwester in diesem Zustand sah, war sie völlig außer sich. Sie war sich dessen völlig bewusst, dass Therese eine Heilige war, aber eine Heilige, die auf diese Weise stirbt, – das kam ihr doch viel eher wie der Tod eines Sünders vor. Deshalb ging sie, um vor der von ihr so geliebten Herz-Jesu-Statue zu beten. Sie flehte: »O heiligstes Herz, ich bitte dich, lass meine kleine Schwester nicht in der Verzweiflung sterben!« Diese aufschlussreiche Begebenheit sagt uns ebensoviel wie die Ekstase ihres letzten Augenblicks.

Therese hatte das übrigens vorausgesagt: »Wundert euch nicht! Es ist der Tod Jesu am Kreuz, den ich erbeten habe,«[84] jenen Tod, in dem Jesus ausrief: *Mein Gott, mein Gott, warum hast du mich verlassen?*[85] Folglich musste sie bis zum letzten Augenblick leiden. Ihr letzter Liebesakt stieg aus einer tief dunklen Nacht empor, einer Nacht, in der es die Versuchungen des Teufels gab und wo es den Anschein hatte, die ganze Hölle versammle sich um ihr Bett. Das ist Therese vom Kinde Jesus! Diese Gnade schenkte ihr Gott im letzten Augenblick, um ihre Liebe zu vollenden. Der letzte Akt der Liebe, den wir setzen, bindet uns an den Dreifaltigen Gott und bestimmt zugleich das Maß unserer Gottesschau im Himmel. In diesem Augenblick erlaubt Gott auch das Eingreifen des Dämons, damit dieser Akt der Liebe noch vollkommener wird, noch kraftvoller. Bei Therese war der letzte Liebesakt ein Aufblick ihrer Liebe zusammen mit dem Wort: *Mein Gott, ich liebe dich!*[86] Dann starb sie.

---

84 Vgl. TM, *Ich gehe ins Leben ein, Letzte Gespräche der Heiligen von Lisieux*; S. 57ff.; S. 78.
85 Mk 15,34.
86 TM, *Ich gehe ins Leben ein, Letzte Gespräche der Heiligen von Lisieux*; S. 230.

Heiligkeit für unsere Zeit

Man muss Thereses Lehre in ihrer Tiefe ergründen. Natürlich kann man von ihrem Weiheakt an die Barmherzige Liebe sprechen, von den kleinen Opfern, die sie hinzufügt. Alles ist wahr, aber – so fürchte ich – man könnte Gefahr laufen, das wahre Wesen ihrer Spiritualität zu verfälschen, wenn man zu sehr das Nebensächliche hervorhebt und die Spiritualität nicht in voller Wahrheit darstellt.

Thereses Leben weist nicht nur im Hinblick auf die Kontemplation interessante Züge auf, die uns anspornen, mit Gott vereint zu leben. Nein, das gilt auch im Hinblick auf unserer Berufspflichten. Diese sind, wie sie sagt, wirklich eine »göttliche Pflicht«. Wenn Gott eine Pflicht schwierig macht, schenkt er auch die Gnade (zu ihrer Bewältigung), weil ja er es ist, der uns in diese Situation hineingestellt hat. Wir aber suchen außergewöhnliche Entbehrungen. Schließlich gibt es da noch die Nächstenliebe mit all den Läuterungen, die sie mit sich bringt. Warum die Liebe? Weil sie die Tugend Gottes ist: Gott ist Liebe.

Mir scheint, dass Thereses Leben praktische Wahrheiten konkret veranschaulicht. Dadurch wurde Therese die Heilige der modernen Zeit.

THERESE VOM KINDE JESUS –
LEHRERIN DES MYSTISCHEN LEBENS

Hinführung

Der Verfasser Maria-Eugen Grialou bietet im folgenden Vortrag eine echte Synthese: Therese – eine authentische Tochter des Karmel – hinterlässt der universalen Kirche die geistliche Kindschaft als den ihr eigenen prophetischen Geist. Jeder Mensch kann sich dem mystischen Leben öffnen. Jeder kann mit Gott vereinigt sein und von ihm ergriffen werden. Darin besteht der allgemeine Ruf zur Heiligkeit, wozu Therese Grundideen aufzeigt und den Kleinen Weg weist.

Der Vortrag bildete den Abschluss der »Theresianischen Tage«, die vom Institut Catholique in Paris vom 10. bis 13. Juli 1947 zum fünfzigsten Todestag Thereses veranstaltet worden sind. Bei den Teilnehmern waren bekannte Fachleute der Thematik wie Louis de Sainte Thérèse OCD, Francois de Ste. Marie OCD, L'Abbé Martin SS, St. I.Piat OFM, Lucien de St. Joseph OCD, M.-M. Philipon OP, Abbé Combes. Der Kongress hatte zum Ziel, »das Wunder des mystischen Lebens der heiligen Therese vom Kinde Jesus aufzuzeigen«. Der von Maria-Eugen Grialou gehaltene Vortrag belegt bereits die geistliche und literarische Fähigkeit des Verfassers von seinem Werk *Ich will Gott schauen.*[1]

An einzelnen Stellen werden Erläuterungen zum Text vom Herausgeber in Klammern oder durch Einrücken des Textes angegeben. Auch lässt der Vortrag die Bedeutung Thereses als eine der grundlegenden Quellen des geistlichen Werkes von Maria-Eugen Grialou erkennen.

---

1 MEG, *Ich will Gott schauen*, Erste vollständige deutsche Ausgabe 1993; 2. Auflage 2000.

Der kühne Titel des Vortrags wollte damals die Frage einer möglichen Ernennung der Heiligen zur Kirchenlehrerin nicht aufwerfen. Das Anliegen war nur, eine Wahrheit zu vermitteln, auf die bei verschiedenen Gelegenheiten durch die Päpste hingewiesen worden war, so zum Beispiel durch Papst Benedikt XV. in seiner Ansprache zur Proklamation des heroischen Tugendgrades der Dienerin Gottes. Als Jüngerin eines Ordens, in dem der Anspruch, lehren zu können sogar das Privileg der Frauen ist, wurde Therese keineswegs durch besondere Studien geschult. Sie besaß allerdings in sich selbst so viel Wissen, dass sie auch anderen den wahren Weg des Heiles zeigen konnte.[2]

Unser Ziel ist es, entsprechende päpstliche Verlautbarungen zu kommentieren, indem wir die Schlussfolgerungen der vorausgehenden Studien sammeln und zusammenfassen. Dadurch kann die Bedeutung und die Tragweite der theresianischen Botschaft aufgezeigt werden. Um deren Wert zu erkennen, genügt es, herauszuarbeiten, wie sie in der Tradition verankert ist; außerdem erläutern wir, mit welchen Formulierungen und neuen Bildern sie die Werte der Tradition veranschaulicht: Vetera et Nova.[3]

---

[2] Ansprache vom 14. August 1921. – Vgl. *Vie Thérèsienne* (Ergänzung zu *Annales de Sainte Thérèse* 92; Oktober 1983, p. 270).
[3] ... *gleicht einem Hausherrn, der aus seinem reichen Vorrat Neues und Altes hervorholt* (Mt 13,52).

I. Vetera:
Grundlegende Werte aus der Tradition

Fundierte Studien haben in der Botschaft Thereses die Inspiration durch das Evangelium und durch den Apostel Paulus unterstrichen.[4] Getreu interpretiert sie das Denken von Jesus Christus und von seinem ersten Theologen, dem Apostel Paulus. Treffender könnte man die Echtheit ihrer Erkenntnisse und Darlegungen nicht aufzeigen. So überzeugend diese Studien auch sind, so scheinen sie die Fragen nach den geistlichen Quellen, aus denen Therese geschöpft hat, dennoch nicht in vollem Umfang zu erfassen. Papst Benedikt XV. stellt mit dem bereits erwähnten Zitat auf diskrete Weise die Weichen für unsere Untersuchungen: »Jüngerin eines Ordens, in dem der Anspruch lehren zu können sogar das Privileg der Frauen ist.« Wenn wir die Frage nach den Quellen Thereses unter diesem Aspekt sehen, erkennen wir, wie umfassend sich Therese in Verbindung mit ihrer karmelitanischen Berufung und Bildung von der christlichen Tradition inspiriert worden ist. Die Behauptung, Therese sei vor allem durch die karmelitanische Überlieferung mit der Vergangenheit in Berührung gekommen, scheint also nicht übertrieben zu sein.

---

4 Vgl. FRANÇOIS DE SAINTE MARIE, L'Evangile, aliment de sa vie (»Das Evangelium, Nahrung ihres Lebens«), Vortrag zu Beginn des Kongresses, s. den Artikel »Sainte Thérèse de l'E. J. et la Sainte Écriture« (Die heilige Therese vom Kinde Jesus und die Heilige Schrift), in *Cahiers Evangile*, Paris, nouvelle série N° 2, 1952, p. 41–56); L. GIRARD, La spiritualité paulinienne et la Petite Voie d'Enfance Spirituelle (»Die paulinische Spiritualität und der Kleine Weg der geistlichen Kindschaft«), Serie von elf Artikeln, erschienen bei *Études et Documents* (1936 bis 1939).

Therese war erst neun Jahre alt, als sie den Karmel ganz konkret durch ihre Schwester Pauline näher kennengelernt hat. Diese bereitete sich auf ihren baldigen Eintritt (Oktober 1881) in das Kloster der Karmelitinnen in Lisieux vor. In den *Selbstbiographischen Schriften* schreibt Therese: *Ich werde mich immer wieder erinnern, meine geliebte Mutter, mit welcher Zärtlichkeit Sie mich trösteten ... Dann erklärten Sie mir das Leben im Karmel, das mich sehr schön dünkte. Als ich in meinem Geist alles, was Sie mir gesagt hatten, wieder durchging, schien mir, der Karmel sei die Wüste, wo der liebe Gott wollte, dass auch ich mich verberge ... Ich spürte dies mit solcher Gewalt, dass in meinem Herzen nicht der mindeste Zweifel war: es war nicht der Traum eines Kindes, das sich mitreißen lässt, sondern die Gewissheit eines Göttlichen Rufes. Ich wollte in den Karmel nicht um Paulines willen, sondern für Jesus allein ... Ich überdachte viele Dinge, die Worte nicht wiedergeben können, die aber einen tiefen Frieden in meiner Seele zurückließen.*[5]

Was ist Berufung? Sie ist eine harmonische Übereinstimmung von Sein und Leben. Therese hatte schon als Kind durch einen einfachen, intuitiven Blick die im göttlichen Plan im voraus gegebene Harmonie zwischen den tiefen Erfordernissen ihres Seins und den Entfaltungsmöglichkeiten im Karmel erfasst. Diese Art, zu tiefen Wirklichkeiten vorzustoßen, wurde ihr zur Gewohnheit. Die Erkenntnis ihrer Berufung war Zeichen von Gottes Wirken, denn sie fand darin bereits Friede, Sicherheit, Ausgeglichenheit und den festen Willen zu deren Verwirklichung.

Therese gesteht ihr Geheimnis sofort der älteren Schwester Pauline. *Da sie in meinen Wünschen den Willen des*

---

5 TvKJ, *Selbstbiographische Schriften*, S. 53.

Himmels erblickte, sagte sie mir, ich würde bald mit ihr im Karmel die Mutter Priorin besuchen; und dieser sollte ich sagen, was der liebe Gott mich fühlen ließ ...[6]

Das neunjährige Mädchen wird gleich von seiner künftigen geistlichen Familie adoptiert. Dennoch muss es bis zum fünfzehnten Lebensjahr warten, um ins Kloster aufgenommen zu werden. Der Schmerz der Enttäuschung wird nur durch ein zartes übernatürliches Zeichen gelindert: die Priorin bestätigt, ohne Thereses Wunsch zu kennen, das geheime Verlangen des Kindes, im Karmel den Namen Therese vom Kinde Jesu zu tragen.[7]

Thereses Berufung ist also sicher. Ihre Beziehungen zum Karmel werden eng, aber auch andere geistliche Einflüsse wirken auf Therese ein. Durch die Verbindung mit ihrer Tante im Kloster der Heimsuchung hat der Geist von Franz von Sales und von Johanna von Chantal die Familienatmosphäre in den Buissonnets stark beeinflusst und sie mit kraftvoller und zarter Liebe erfüllt. Die Lehrerinnen in der Benediktinerinnen-Abtei haben Therese weniger beeindruckt; allerdings hat Therese dort ihre liturgisch ausgerichtete Spiritualität erfahren. Sie ist eine aufgeschlossene, gelehrige Schülerin, die alle guten Anregungen und Einflüsse annimmt. Später zeigt sich, was auf alle starken Geister zutrifft: In dem Maß, in dem sie geistliche Werte aufnimmt, fügt sie sie in eine Synthese ein. Diese formt sich nach und nach in ihrer Seele und ist auf das Ziel ausgerichtet, das schon unwiderruflich feststeht.

Kommen wir zur Weihnachtsgnade von 1886. Ihre psychologische und geistliche Bedeutung kann man nicht genug hervorheben. Sie ist Gnade der Bekehrung, Gnade der Befreiung, die sie *aus den Windeln und Unvollkommenhei-*

---

6 Ebd.
7 Vgl. TvKJ, *Selbstbiographische Schriften*, S. 85.

ten der Kindheit heraustreten lässt[8] und ihr ermöglicht, von jetzt an *von Sieg zu Sieg zu schreiten und sozusagen wie ein Riese zu laufen*[9]. Der kleine Schmetterling, befreit von der Puppenhülle (Ausdruck gemäß Teresa von Avila), in deren Innern sich die Umwandlung vollzogen hat, kann jetzt in Freiheit seinen Höhenflug beginnen.[10] Im allgemeinen werfen solche Veränderungen einen Schleier über die zuvor gehegten Absichten. Die Berufung Thereses zum Karmel hingegen festigt sich nach der Weihnachtsgnade, wird klarer und verlangt gebieterisch nach der baldigen Durchführung. *Ich hatte mir vorgenommen, zur selben Stunde (in den Karmel) einzutreten, in der ich im Jahr zuvor, meine Gnade (der Bekehrung) empfangen hatte.*[11] Durch ihre Entschlossenheit überträgt sich ihre Überzeugung auf ihre Umgebung, auf ihre Schwester Celine, auf ihren Vater und auf ihren Onkel. Therese unternimmt die kühnsten Schritte. Sie wendet sich an den Bischof von Bayeux und sogar an den Heiligen Vater. Die Verantwortlichen erschrecken vor ihrem jugendlichen Alter, aber niemand äußert einen Zweifel an ihrer Berufung, nicht einmal der Superior des Klosters. Dennoch lässt er beim Eintritt Thereses ins Kloster seiner Laune freien Lauf, als er dem fünfzehnjährigen Mädchen die Pforte öffnet.[12] Therese schreibt:

---

8 TM, *Briefe*; S. 312 an P. Roulland.
9 TvKJ, *Selbstbiographische Schriften*; S. 95.
10 Vgl. TvA, *Wohnungen der Inneren Burg/Fünfte Wohnungen*; S. 174ff. Vgl. auch *Sechste Wohnungen*, S. 215f.
11 TvKJ, *Selbstbiographische Schriften*; S. 107.
12 »Nun gut, meine ehrwürdigen Mütter, nun können Sie ein Te Deum singen. Als Beauftragter des Bischofs übergebe ich Ihnen dieses Kind von 15 Jahren, dessen Eintritt Sie haben wollten. Ich wünsche, dass es Ihre Erwartungen nicht enttäuscht, mache Sie aber darauf aufmerksam, dass Sie allein die Verantwortung tragen, wenn es anders kommt«; *PSH II*; S. 140.

Endlich war mein Wunsch erfüllt. Meine Seele empfand einen süßen Frieden, dass ich unmöglich Worte dafür finden kann, und dieser innerste Friede ist nun seit siebeneinhalb Jahren mein Anteil geblieben; auch inmitten der schwersten Prüfungen ist er nicht von mir gewichen. ... Alles entzückte mich ... oh! ich fand mich voll entschädigt für alle meine Prüfungen ... Mit welch tiefer Freude wiederholte ich die Worte: ›Nun bin ich hier für immer, für immer!‹ ...[13]

Man muss den Zusammenhang sehen, um die Eindrücke der jungen Postulantin und die Tragweite ihrer Sprache zu ermessen. Therese hat beinahe das Ziel ihres Lebens erreicht. Ihr Glück kommt nicht von inneren Tröstungen oder Verhätschelungen durch die Gemeinschaft. In ihrer Seele herrscht Trockenheit. In ihrer feinen Empfindsamkeit spürt sie die kleinen Nadelstiche ebenso wie große Prüfungen. Was sie erlebt, entspricht den Bedürfnissen ihrer Seele und deckt einen Teil der Vorstellungen ab, von denen sie geträumt hatte. Wesentliche Elemente in diesem Lebensabschnitt sind: ein zeitlich genau festgelegtes und stilles Leben, in dem eine Regel und eine strenge Disziplin alle äußeren Einzelheiten ordnen. Therese kommt in eine Umgebung, die vom Geist und der starken, lebendigen Lehre der Meister des Karmel durchdrungen ist. Die Klausur schützt die Einsamkeit und schaltet alle entgegenstehenden Einflüsse aus. In diesem geschlossenen Kloster also nimmt Thereses Lehre zunächst noch undeutlich Gestalt an, findet nach und nach ihre Form, und beginnt von dort aus ihre erstaunliche Mission.

Eine wichtige Tatsache drängt sich ebensosehr der Aufmerksamkeit des Theologen wie auch der des Geschichts-

---

13 TvKJ, *Selbstbiographische Schriften*; S. 153.

kundigen auf: Indem Therese Karmelitin wird »bis in die Fingerspitzen« wird sie auch Heilige und eine Lehrmeisterin des geistlichen Lebens. Sie bewältigt voll Liebe den Aufstieg zum Berge Karmel. Dabei findet sie den Weg zur geistigen Kindschaft und skizziert diesen in klaren Linien.

Was hat der Karmel zu Thereses großer Sendung beigetragen? Einen Geist, eine klare Lebensordnung und eine geistliche Lehre: den Geist des Elija, die Lebensordnung der Teresa von Avila, die Lehre des Johannes vom Kreuz. Diese Einflüsse können nicht streng voneinander getrennt werden. Das hieße, die Wahrheit zugunsten der logischen Klarheit aufzugeben. Dennoch dürfte diese Einteilung den Anteil eines jeden der Meister des Karmel an der Entwicklung von Therese charakterisieren.

Der Geist des Elija

Ist es nicht gewagt, gerade Therese vom Kinde Jesus als Nachkomme des Elija, des rauhesten der Propheten des Alten Testaments, zu bezeichnen – Elija, der in härenem Gewand[14] und mit flammendem Blick die Gerechtigkeit verteidigte,[15] Therese dagegen, die modernste Heilige, die unablässig das Erbarmen Gottes verkündet? Sie lebt so unauffällig ihren Alltag, dass sie auch uns fast nicht aufgefallen wäre unter all den Ordensfrauen, die sich hinter den Gittern ihrer Klöster verbergen, lächelnd, bescheiden und ein

---

14 *Er trug einen Mantel aus Ziegenhaaren und einen ledernen Gurt um die Hüften* (2 Kön 1,8).
15 *Da stand ein Prophet auf wie Feuer, seine Worte waren wie ein brennender Ofen.* (Sir 48,1). Tatsächlich »verzehrte« diese Flamme nacheinander drei Gruppen von je 50 Männern, die vom König Ahasja geschickt waren, um Elija zu ergreifen (vgl. 2 Kön 1).

wenig geheimnisvoll. Und doch kann uns nur ihre Nähe zu Elija gewisse charakteristische Züge von Therese erklären und uns das Geheimnis der Synthese in ihrer Spiritualität aufzeigen.

Ein Orden schöpft die wesentlichen Züge seiner Tradition aus seinen lebendigen Quellen. Die äußeren Veränderungen oder Verwandlungen, welche die Jahrhunderte ihm auferlegen, sind für den lebendigen Kern das, was für den Menschen die aufeinanderfolgenden Entwicklungsphasen und die der jeweiligen Altersstufe angepasste Kleidung bedeuten. Diese äußeren Entwicklungsphasen zerstören nicht die innere Einheit, sondern zeigen deren Beständigkeit in einem fortschreitenden Wachstum.

Elija ist der Vater des Karmel. Jahrhunderte karmelitanischen Lebens geben davon ein dauerhaftes, glaubwürdiges Zeugnis. Die junge Karmelitin unseres Jahrhunderts ist demnach seine Tochter. Schauen wir, inwiefern!

Elija, das Urbild der Propheten im Alten Testament, ist im wahrsten Sinne des Wortes ein Mann Gottes. Er war von Gott ergriffen, aus seiner Familie und aus seinem Stamm durch einen gewaltigen und wahrscheinlich plötzlichen Zugriff herausgerissen. Gemäß des biblischen Textes erhob er sich wie eine Flamme.[16] Elija lebte gewöhnlich in der Wüste.[17] Eine Weisung Gottes hatte ihn dorthin geführt, oder treffender gesagt: das Eingreifen Gottes hatte ihn dorthin getrieben. In seiner Seele entbrannte daraufhin eine ihn verzehrende Sehnsucht nach Gott und das zwingende Verlangen, sich ihm zur Verfügung zu stellen. Elija ist ein Seher, der sich ständig in der Gegenwart des lebendigen Gottes aufhält. Sein Ruf *Vivit Dominus ... in cujus con-*

---

16 Sir 48,1.
17 1 Kön 17,3–6.

spectu sto – *Es lebt der Herr, in dessen Angesicht ich stehe* drückt die innerste Haltung seiner Seele aus.[18] Er ist nicht zufällig ein Kontemplativer, sondern er ist es im Innersten seines Wesens. Was ist denn Kontemplation anderes als das bange Suchen nach Gott und die beruhigende Entdeckung seiner Gegenwart. Die Macht des Propheten über die Elemente,[19] seine ruhige Kühnheit,[20] sein vertrauter Umgang mit Gott erschließen uns die Tiefe seiner Kontemplation. Die Herausforderungen, denen er sich am Berg Horeb stellt, enthüllen die Reinheit seines geistigen Scharfblicks. Nachdem der Herr ihm seinen Vorübergang angekündigt hatte,[21] sind für Elija die verschiedenen Naturerscheinungen auf dem Sinai bedeutungslos. Er schenkt weder dem felsenspaltenden Sturm noch dem Beben, das die Erde erschüttert, noch dem aufflammenden Feuer[22] Beachtung. Er gibt sich nicht zufrieden, bis Gott ihm in einem leichten Windhauch[23] eine wesenhafte Schau seiner selbst geschenkt hat.[24]

In der Geschichte ist dieser Kontemplative unter die aktiven Propheten eingereiht worden. Er wurde erwählt, um eine Sendung zu erfüllen. Als Vertreter Gottes bei seinem Volk trägt er die Verantwortung für Israel, eine schwere Last!

---

18 1 Kön 17,11.
19 Ebd.
20 1 Kön 18,23–38.
21 *Komm heraus und stell dich auf den Berg vor den Herrn, denn der Herr zieht vorüber* (1 Kön 19,11).
22 *Der Herr war nicht im Sturm ..., nicht im Erdbeben ..., nicht im Feuer* (1 Kön 19,11f.).
23 *Als Elija es gehört hatte, hüllte er das Gesicht in seinen Mantel* (1 Kön 19,13).
24 Vgl. JvK, *Aufstieg auf den Berg Karmel*, S. 222f.; JvK, *Der Geistliche Gesang*, S. 106f.

Nach der Erscheinung am Horeb fragt der Herr: »Was tust du, Elija?« Er antwortet: *Ich werde verzehrt vom Eifer für den Herrn, den Gott der Heerscharen, denn die Söhne Israels haben den Bund gebrochen; sie haben deine Altäre zerstört und deine Propheten niedergemetzelt.*[25] Die Sünde Israels lastet schwer auf dem Propheten. Er begegnet der Reinheit und Gerechtigkeit Gottes. Er stellt sich den Baalspriestern im Kampf und steigert in einer harten Auseinandersetzung seinen Eifer. Sein Leiden ist tief und glühend. Das ist schon Getsemani, freilich ein Getsemani des Alten Bundes. Elija wartet darauf, dass sich das Feuer der göttlichen Gerechtigkeit als Racheflammen offenbart, doch ist es Elija selbst, der verzehrt wird. Dieses innere Drama ermöglicht Israel, die ihm anvertraute Sendung fortzusetzen: Die Sünde Israels entzündet in Elija ein Feuer, dessen Flamme rein, schön und brennend zum Himmel aufsteigt wie die eines Versöhnungsopfers.

Als Mann Gottes und immer voller Bereitschaft Gottes Willen gegenüber, verlässt der Prophet auf göttliche Weisung hin seine Einsamkeit. Er geht und kommt, hierhin und dorthin, bringt eine Botschaft, ruft das Volk zusammen, salbt einen König, wählt einen Jünger. Dieser einsame Kontemplative ist mit dem Leben seines Volkes eng verbunden. Seine Handlungen sind die wichtigsten Ereignisse in der Geschichte des damaligen Israels.

Das also ist Elija, der Prophet: Licht, Flamme und Tat in einem. Sein Geist ist eine lebendige Wirklichkeit, die auf Elischa[26] übergeht und in Johannes dem Täufer weiterleben wird.[27] Auf dieses geistliche Vermächtnis beruft sich die kar-

---

25 1 Kön 18,20ff.
26 2 Kön 2.
27 Mt 11,14.

melitanische Tradition. Sie sieht es als ihre Aufgabe an, es zu bewahren und weiterzugeben. Charakteristische Züge dieses karmelitanischen Vermächtnisses finden wir in Therese vom Kinde Jesus wieder. Auch sie ist von Gott ergriffen. Mit welch früher Reife und bis zu welcher Tiefe, das haben die vorausgehenden Untersuchungen gezeigt.[28] Nur durch göttliches Einwirken lassen sich ihre Selbstbeherrschung und ihre Zuverlässigkeit seit dem Erwachen ihrer Vernunft (in ihrem dritten Lebensjahr) erklären. Thereses Ergriffensein von Gott äußert sich in ihrem Verlangen nach Gott. Schon ihre frühe Kindheit war davon geprägt. Zunächst war das noch kaum zu erkennen, wird dann aber immer sichtbarer und führt zu einer innigen Vertrautheit mit Jesus. Therese spricht von schönen Tagen, an denen ihr Vater sie zum Fischen mitnahm. Sie ist damals noch ein kleines Kind. Sie schreibt: *Manchmal versuchte ich, mit meiner kleinen Angelrute zu fischen, aber lieber setzte ich mich für mich allein auf das blumige Gras, dann waren meine Gedanken recht tiefsinnig, und ohne zu wissen, was Betrachten heißt, tauchte ich meine Seele ein in wahres innerliches Gebet ... Die Erde erschien mir als Ort der Verbannung, und ich erträumte den Himmel ...*[29] Der Blitz, der eines Tages in die benachbarte Wiese einschlägt, ruft in ihr nicht den geringsten Schrecken hervor, sondern

---

28 Den vorausgegangenen Vortrag hielt LOUIS DE SAINTE THÉRÈSE, La Vie Spirituelle de Sainte Therese de l'E. J. est une vie mystique (»Das geistliche Leben der heiligen Therese vom Kinde Jesus ist ein Mystisches Leben«). Das Wesentliche daraus kann man in seinen Veröffentlichungen finden, wie z. B. die Trilogie *Mon Ciel, c'est l'Amour; Confiants jusqu' à l'audace; Ma vocation dans l'Eglise* (»Mein Himmel, das ist die Liebe; Vertrauend bis zur Kühnheit; Meine Berufung in der Kirche«). Ed. Pyrénéennes, Bagnéres de Bigorre, 1963, 1965, 1966.
29 TvKJ, *Selbstbiographische Schriften*; S. 32.

erinnert sie daran, dass ihr der liebe Gott ganz nahe ist.[30] Das ist inneres Gebet, also Kontemplation.

Wenn Therese mit ihrer Cousine Marie zusammen ist, kann sie die Spiele, so wie sie will, auswählen: *Aus Marie und Therese wurden zwei Einsiedler, die nichts besaßen als eine armselige Hütte ... Ihr Leben verlief in immerwährender Beschauung, derart, dass der eine Einsiedler den anderen beim Gebet ablöste, wenn der sich mit dem tätigen Leben zu befassen hatte.*[31]

Kinderspiele, könnte man sagen, und doch erschließen sie uns die Tiefen des Unbewussten. Wir können in diesem Verhalten das Bedürfnis nach stiller Einsamkeit entdecken, so wie es Gottes verborgene Gegenwart fordert. Es ist verständlich, dass dieses in seinem Innersten ergriffene Kind in der Schule im Kontakt mit ihren gleichaltrigen Gefährtinnen nicht angepasst erscheint. Die anderen Kinder sind nach außen gewandt und ausgelassen. Therese schreibt: *Oft lehnte ich mich während der Pausen gegen einen Baum und schaute von dort aus dem ›Blinzelspiel‹ zu, während ich mich ernsthaften Überlegungen hingab.*[32] Auch erzählt sie, wie sie sich an schulfreien Tagen häufig in einem leeren Zwischenraum ihres Zimmers verbarg. Er war leicht mit dem Bettvorhang abtrennbar. Dort dachte sie, wie sie schreibt. Sie ist in innerem Gebet versunken, in welchem der göttliche Meister ihr Herz in aller Stille belehrt.[33]

Johannes de Yepes (Johannes vom Kreuz) hatte sich als Heranwachsender trotz seiner manuellen Talente offensichtlich auch nicht an die Welt des Handwerks gewöhnen

---

30 TvKJ, *Selbstbiographische Schriften*, S. 32f.
31 TvKJ, *Selbstbiographische Schriften*, S. 48.
32 TvKJ, *Selbstbiographische Schriften*, S. 77.
33 Vgl. TvKJ, *Selbstbiographische Schriften*, S. 69.

können. Wegen der Armut seiner Mutter sollte er einen praktischen Beruf erlernen. Er fand sein inneres Gleichgewicht aber nur bei seinen langen Besuchen in der Kirche, wo er in Gottesdiensten ministrierte. Diese Ereignisse aus der Kindheit von Johannes de Yepes und Therese sind nicht überzubewerten, aber auch nicht zu übersehen. Berufung zur Stille und eine gewisse äußere Untüchtigkeit können einander zugeordnete Anzeichen sein für göttlichen Einfluss und für ein schon stark inneres Lebens.

Thereses Erstkommunion steigert die tiefe Vereinigung mit Jesus zu einer innigen »Einswerdung«[34]. Die Weihnachtsgnade schließlich befreit Thereses Seele. Sie erhellt die ihrer eigenen Gnade bestimmten Anforderungen und hilft, diese zu erkennen.

Bevor Therese im Karmel die ersehnte Wüste[35] findet, ist ihr eine übernatürliche Gunstbezeugung zuteil geworden. Sie hat in ihr die von Elija gelebte Synthese verwirklicht: *Als ich eines Sonntags ein Bild unseres Herrn am Kreuz betrachtete, ward ich betroffen vom Blute, das aus einer seiner Göttlichen Hände floss. Ich empfand tiefen Schmerz beim Gedanken, dass dieses Blut zur Erde fiel, ohne dass jemand dazueilte, es aufzufangen. Ich beschloss, im Geist meinen Standort am Fuß des Kreuzes zu nehmen, um den ihm entfließenden Göttlichen Tau aufzufangen, und begriff, dass ich ihn nachher über die Seelen ausgießen müsse ... Der Schrei Jesu am Kreuz widerhallte ununterbrochen in meiner Seele: ‚Mich dürstet!' Diese Worte entfachten in mir ein unbekanntes, heftiges Feuer ... Ich wollte meinem Viel-Geliebten zu trinken geben und fühlte mich selbst vom Durst nach Seelen*

---

34 Vgl. TvKJ, *Selbstbiographische Schriften*; S. 75.
35 Vgl. TvKJ, *Selbstbiographische Schriften*; S. 152f.

verzehrt... noch waren es nicht Priesterseelen, zu denen es mich hinzog, sondern die der großen Sünder; ich brannte vor Verlangen, sie dem ewigen Feuer zu entreißen.[36]

In einem Augenblick also erwacht in Therese glühender Eifer. Dadurch kann sie den engen Kreis, in dem sie bisher gelebt hatte, sprengen.[37] Sie übernimmt geistliche Verantwortung für die Menschen: ihr Heil und ihre Heiligung werden die Hauptsorge ihres Lebens. Bei ihrem Eintritt in den Karmel äußert sie diesen Beweggrund feierlich. Sie beschreibt ihr Anliegen: *Was ich im Karmel tun wollte, erklärte ich zu Füßen Jesu in der Opfergestalt der Hostie bei der Prüfung, die der Profess vorausging: ›Ich bin gekommen, um die Seelen zu retten und besonders um für die Priester zu beten.‹*[38]

Von da an entwickeln sich bei Therese Kontemplation und Eifer im Apostolat im gleichen Rhythmus. Sie unterstützen und befruchten sich gegenseitig. Wir brauchen hier die Etappen ihres Fortschritts nicht aufzuzeigen; es soll uns genügen, dessen Höhepunkt anzudeuten.

Thereses Kontemplation führt zur Entdeckung der Erbarmenden Liebe. Weil die Menschen deren göttliche Ausstrahlung zurückweisen, weiht sich Therese dieser göttlichen Liebe. Ihre Weihe beinhaltet zwei Anliegen: Therese will das Herz des gütigen Gottes, das unter Lieblosigkeit leidet, erfreuen, und sie will der göttlichen Liebe ermöglichen, durch sie in die Welt einzudringen. Das Feuer der göttlichen Liebe verwundet Thereses Seele und macht sie zu seinem Opfer.[39]

---

36 TvKJ, *Selbstbiographische Schriften*; S. 97. Diese Gnade erfuhr Therese im Juli 1887.
37 Vgl. TvKJ, *Selbstbiographische Schriften*; S. 99.
38 TvKJ, *Selbstbiographische Schriften*; S. 153.
39 Vgl. TvKJ, *Selbstbiographische Schriften*; S. 186.

Auf diesem Höhepunkt ihres geistlichen Lebens erinnert uns Therese wiederum an Elija, der auf dem Berg Karmel voll Eifer nach dem Herrn, dem Gott der Heerscharen,[40] verlangt. Wir denken auch an Teresa von Avila, die im Chor ihres Klosters voll Liebe »über die Verwundungen seufzt«, welche die Unwissenheit der heidnischen Völker und die Bosheit der Häretiker der Liebe ihres Gottes antun.[41]

Diese »Leuchtfeuer der Nacht« gleichen sich in seltsamer Weise. Immer geht es um eine persönliche Ganzhingabe: die Gerechtigkeit verbrennt Elija, die Liebe verzehrt Teresa von Jesus als Opfer, das Erbarmen ergreift Therese vom Kinde Jesus. Die Flamme zeigt in der jeweiligen Epoche unterschiedliche Auswirkungen, aber die Hingabe der Menschen ist die gleiche. Es ist der gleiche Heilige Geist, der sie ergriffen hat; es ist das gleiche Brandopfer, das alle Zeiten überdauernd im Karmel als höchstes Ziel gelebt wird.

Wie Elija hat auch Therese eine Mission, die sich mit erstaunlichem Durchsetzungsvermögen ausbreitet. Allerdings kam diese erst nach ihrem Tod zum Tragen. Durch den Tod von den Fesseln der Untätigkeit befreit, wird sie zu einem der großen Leitbilder unserer Zeit.

Die Titel einer *Lehrerin des geistlichen Lebens*, einer *Patronin der Mission* und einer *Patronin Frankreichs* bedeuten mehr als die Bitten um ihre Fürsprache. Sie sind offizieller Dank für all ihre Gunsterweise und für ihre Sen-

---

40 Gott der »himmlischen Scharen« gemäß einem biblischen Ausdruck, der unter Gottes Souveränität alle himmlischen Wesen einschließen wollte, die mitunter durch die umliegenden Religionen vergöttlicht waren. Es ist der »Gott des Universums«, den man mit dem *Heilig, Heilig, Heilig*, im eucharistischen Hochgebet besingt (Anm. des Herausgebers).
41 TvA, *Weg der Vollkommenheit*; S. 73–74.

dung, die sich zu verwirklichen beginnt. Als authentische Tochter Elijas hat die Karmelitin von Lisieux einen prophetischen Auftrag. Wir können die Bedeutung der Sendung nur andeuten, doch diese weist eindeutig auf Teresa von Avila hin und führt dazu, den Einfluss der Reformatorin des Karmel auf die berühmteste ihrer Töchter zu untersuchen.

Die Lebensordnung der Teresa von Avila

In ihren Kindheitserinnerungen erzählt Therese, dass sich ihr Vater, wenn in der Predigt von Teresa von Avila gesprochen wurde, zu ihr herabneigte und ganz leise sagte: *Hör gut zu, kleine Königin, man spricht von deiner heiligen Patronin!*[42] Später las sie das Leben der Großen Teresa nach den Bollandisten.[43] Im Karmel wurden im Speisesaal die Briefe von Teresa gelesen. Mutter Agnes bezeugt in ihrer Prozessaussage, dass es ihrer Schwester sehr wichtig war, die Werke von Teresa von Avila, von Johannes vom Kreuz und die Heilige Schrift zu studieren.[44] In ihrem Stundenbuch hatte sie ein Bild von Teresa. Unter ihren persönlichen Aufzeichnungen befand sich ein Blatt mit drei Texten, nämlich über die großen Wünsche, über den Eifer und die Demut, außerdem das bekannte Wort: »Nichts soll dich ängstigen!«[45] In den *Selbst-*

---

42 TvKJ, *Selbstbiographische Schriften*, S. 37.
43 Mutter Maria vom Heiligen Herzen (Karmelitin in Caen), *Histoire de Sainte Thérèse, d'apres les Bollandistes, ses divers historiens et ses oeuvres complètes*, (»Geschichte der Heiligen Therese gemäß den Bollandisten ...«), Retaux-Bray, Paris, 1985.
44 Vgl. *PSH II*; S.149.
45 *Documentation du Carmel de Lisieux*. Es sind folgende Texte: »Es ist keine Anmaßung, den Wunsch zu haben, in Nachahmung der Heiligen heroische Tugenden zu üben, und selbst nicht, das Martyrium zu ersehnen« (vgl. TvA, *Das Buch meines Lebens*, S. 155ff.).

biographischen Schriften stehen einige Zitate oder besser gesagt Erinnerungen an die Schriften der Reformatorin.[46]

Auf Grund beglaubigter Zeugnisse und Dokumente ist allerdings zu bezweifeln, dass Therese vom Kinde Jesu die Werke von Teresa von Avila[47] vollständig gelesen hat. Auch ist es unwahrscheinlich, dass sie sich mit demselben Eifer darauf eingelassen hat wie auf die Schriften von Johannes vom Kreuz. Aber ist es nicht gar zu oberflächlich zu behaupten, das schriftlich festgehaltene Gedankengut der Reformatorin habe weniger Einfluss auf das geistliche Leben von Therese gehabt als die Abhandlungen des Lehrers des reformierten Karmel? Manche Leute sind in ihren Behauptungen noch weiter gegangen. Sie unterstrichen die Verschiedenartigkeit von Mutter und Tochter und steigerten sie bis zu Gegensätzlichkeiten, die Konflikte rechtfertigen könnten. Sicher, Unterschiede bestehen. Sie gewinnen allerdings nur dann große Bedeutung, wenn man sie mit

»Ich würde gerne tausend Leben hingeben, um eine einzige Seele zu retten« (vgl. TvA, *Weg der Vollkommenheit*, S. 22). »Die Seele, welche Gott an sich zieht, kümmert sich nicht darum, ob sie geschätzt oder verachtet wird. Es ist gut, wenn die Seele weiß, dass sie von sich aus nichts kann, es ist [... auch gut, wenn sie weiß, dass sie mit Gott alles kann]« (vgl. TvA, *Weg der Vollkommmenheit*, S. 155ff., und *Das Buch meines Lebens*, S. 203f. Das unvollständige Zitat ist ergänzt mit Hilfe eines anderen Dokuments, das Teresa besaß). »Nichts soll dich ängstigen, nichts dich erschrecken; alles vergeht. Gott bleibt derselbe. Geduld erreicht alles. Wer Gott hat, dem kann nichts fehlen. Gott allein genügt« (vgl. TvA, *Gedanken zum Hohenlied, Gedichte und kleinere Schriften*, S. 344). Vgl. dokumentarische Anmerkung, die ohne Zweifel vom Karmel in Lisieux stammt (nicht datiert; um 1945?): *Sainte Thérèse de l'E. J. et Notre Mère Sainte Thérèse – Quelques documentes*, Archiv des Karmels von Lisieux).

46 Vgl. z. B. TvKJ, *Selbstbiographische Schriften*; S. 154; S. 169; vgl. TM, *Ich gehe ins Leben ein, Letzte Gespräche der Heiligen von Lisieux*; S. 57f.; S. 70; TM, *Briefe*; S. 312 an P. Roulland.

47 *Documentation du Carmel de Lisieux* (vgl. im gleichen Sinn: *Correspondance Générale II*, p. 1350).

einem gewissen religiösen Formalismus betrachtet oder unter dem Aspekt des Althergebrachten sieht, das sich mehr an die Form als an das Leben, mehr an den Buchstaben als an den Geist klammert. Heben diese Gegensätzlichkeiten nicht nur jene hervor, die die im menschlichen Bereich übliche Eifersucht auch auf die geistige Ebene der Heiligen übertragen wollen? Sie fürchten, die überzeugenden Gaben der Tochter könnten die Genialität der Mutter in den Schatten stellen. Therese ist wahrhaftig der wertvollste Edelstein in der Krone von Teresa, der Mutter des reformierten Karmels.

Sucht man nur rein intellektuell in den Texten nach dem Einfluss von Teresa von Avila auf Therese von Lisieux, unterliegt man in der Sicht der Zusammenhänge einem Irrtum. Dieser Irrtum könnte uns leicht unterlaufen; denn wir kennen die Reformatorin des Karmel hauptsächlich durch ihre Schriften. Wir dürfen nicht vergessen, dass Teresa vor allem geistliche Mutter ist. Sie schrieb nur, um eine besondere Aufgabe im Rahmen ihrer Mutterschaft zu erfüllen. Die wesentliche Aufgabe einer Mutter besteht doch darin, Leben hervorzubringen und zu entfalten. Ihr Einfluss ist also in den tiefen Bereichen des menschlichen Lebens zu suchen, dort, wo sich innere Verhaltensweisen entwickeln, und dort, wo sich die natürliche Art des Seins und des Handelns bildet. Es scheint uns nicht fehl am Platz zu sein, diese Wahrheiten auf geistliche Ebene zu übertragen. Sie lassen sich im rechten Maß auf die geistliche Mutterschaft von Teresa von Avila anwenden, um ihren Einfluss auf den reformierten Karmel und besonders auf Therese von Lisieux zu verdeutlichen.

Nachdem Teresa von Avila ihre Berufung erkannt hatte, die sie in die Gefolgschaft der Eremiten vom Berge Karmel stellte,[48] ist diese Berufung für ihr ganzes Leben wegweisend geworden. Sie hat den Geist des Elijas, den sie in seiner ursprünglichen Reinheit erkannt hat, zu neuem Leben erweckt. In einer den Bedürfnissen ihrer Zeit genial angepassten Lebensform ließ sie ihn Gestalt werden. In den Klöstern Teresas lebt der Geist der Kontemplation und der Eifer des Elija in all seiner Kraft und Fülle, weil sie alles so bedacht und eingerichtet hat, dass sich dieser Geist vollkommen entfalten kann. Das Leben ist bis in die kleinsten Einzelheiten so geplant und organisiert, dass die schweigende Vertrautheit mit Gott begünstigt wird: Wahl des Ortes und der Umgebung, einfache Gebäude und große Gärten mit Einsiedeleien, strenge Klausur, Gitter und dichte Vorhänge, Einzelzellen sowie die Art und Weise, die Erholung zu gestalten. Alles trägt dazu bei, die Seelen in einer großartigen menschlichen Ausgeglichenheit zu den Gipfeln der Einigung mit Gott gelangen zu lassen und die Klöster zu einem Paradies Jesu auf dieser Erde zu machen. Wir kennen schon die tiefe Freude, die Therese bei ihrer ersten Begegnung mit dem durch Teresa von Avila gestalteten Lebensrahmen empfand. Sie lässt sich von dieser Lebensordnung völlig einnehmen, da diese ihrem Verlangen nach Heiligkeit sowie ihrem Durst nach Seelen durch und durch entspricht. Sie tritt mit Eifer in das geregelte Leben ein, dessen Einzelheiten durchwegs von den starken Gedanken der Mutter Teresa gezeichnet sind. Sie ist treu bis hin zu Skrupeln in Bezug auf die kleinsten Vorschriften der Regel und der Gebräuche. Ist das Formalismus, der den Geist tötet? Ein automatisches Tun, welches das Leben blutleer macht? Wer würde wagen, das zu

---

48 TvA, *Wohnungen der Inneren Burg/Fünfte Wohnungen*, S. 85f.

behaupten? Gewiss dürfen Buchstaben und Geist in aller Bildung, die umfassend sein will, nicht voneinander getrennt werden. Dank ihrer liebevollen und stillen Treue zu allen Details der Ordensregel wird Therese die Einsicht und Gnade zuteil, die in jeder Vorschrift enthalten sind. Sie lässt sich leiten und wird auf dem Weg der Liebe, den diese Vorschriften vorzeichnen, zu den Gipfeln getragen, zu denen sie führen. Während die scharfsinnigste Analyse der Schriften von Teresa von Avila nur Schüler hervorbringen könnte, verwirklicht Therese von Lisieux durch bescheidene karmelitanische Verhaltensweisen den Gedanken der heiligen Mutter. Therese dringt tief in Wesen und gläubiges Sein von Teresa ein und wird wahrhaft ihre Tochter.

Den mütterlichen Einfluss von Teresa festzustellen, ist um so schwieriger, je vielschichtiger und tiefer er ist. Er zeigt sich mehr in der Gesamtheit des Lebens als in den Einzelzügen; mehr in der Art zu denken und zu handeln, als in Gedanken und Taten. Versuchen wir dennoch, ihn in einigen besonderen Punkten zu erfassen!

Teresa von Avila hat den Rahmen, der die Einsamkeit ihrer Klöster schützt, klar abgesteckt. Sie hat mit so fester Hand die Linie der täglichen Regeltreue festgelegt, dass man ihre Reform als eine der strengsten der Kirche beurteilt hat. Und doch hat diese große Frau – ein scheinbarer Widerspruch – ein unbändiges Verlangen nach Freiheit. Sie beansprucht für sich und ihre Töchter Freiheit; Freiheit gegenüber allen Zwängen und zu einschränkenden menschlichen Festlegungen, welche das Wirken Gottes beeinträchtigen und die Entfaltung der Liebe einengen könnten. Sie erzählt, welcher Schauer sie beim Lesen der kleinlichen Bestimmungen erfasst hat, die ein allzu eifriger

Karmelitenpater einem Kloster für die »Kommuniontage« auferlegt hatte. Was wäre geworden, fügt sie hinzu, wenn ich das hätte befolgen müssen? Ihre eigene Regel soll nur dazu dienen, die Liebe zu stärken und zu befreien. Auf diese Weise entsteht eine »heitere Strenge«, und hinter den Gittern, die Teresa errichtet hat, herrscht die Freiheit der Herzen. Nur durch wiederholte Kontakte mit Klöstern ist die charakteristische Eigenart des theresianischen Werkes klar zu erkennen. Doch lässt sie sich auch in Teresas Lehre über das innere Beten entdecken.

Die Lehre Teresas über das aktive Gebet[49] machen mit einer Disziplin vertraut, die in ihren Forderungen fest und in ihren Weisungen klar ist. Auf dieser Ebene kann sich die Liebe ganz unterschiedlich zeigen; das beweist, dass sich die Liebe unter vielfältigen Bedingungen entfalten kann.

Von der Teresianischen Freiheit hat Therese vom Kinde Jesus zunächst für sich selbst profitiert. So konnte sich während der ersten Jahre ihres Ordenslebens in ihrer Seele ihre eigene Lehre herauskristallisieren, auch wenn sie ihren Vorgesetzen von diesen inneren Vorgängen fast nichts anvertrauen kann. Später als sie ihre persönlichen Gedanken äußern und anderen mitteilen muss, ist sie niemals beunruhigt. Solche Neuheiten bringen ihre Schwestern, die Karmelitinnen, nicht durcheinander, die doch, wie man so sagt, Spezialisten in geistlichen Dingen sind. Teresa von Avila hat Freiheit für die Seelen gefordert unter der Voraussetzung, dass sie demütig sind. Therese ist demütig, und in dieser Teresianischen Umgebung ist ihr alle Freiheit gewährt, um auf den ihr eigenen Wegen voranzukommen. Mutter Marie de Gonzague, die als auto-

---

[49] TvA, *Weg der Vollkommenheit*, S. 236ff.

ritär gilt, hat von der jungen Ordensfrau[50] eine hohe Meinung. Sie will ihr das Noviziat anvertrauen und warten, bis sie sich später von ihr leiten lässt.

Diese wohltuende Atmosphäre von Freiheit, die Therese in ihrem Kloster vorgefunden hat, ist in ihre Lehre eingeflossen. Man findet sie darin in der Tat in einem so hohen Maß, dass manch einer davon überrascht, ja verunsichert ist.[51]

Die geistliche Kindschaft entzieht sich zwar nicht jeder Definition, aber jeder Festlegung durch Regeln. Sie ist weder eine Methode, noch eine Frömmigkeitsübung. Sie ist an keine besondere Form gebunden, an keine äußere Haltung, auch an keine bestimmte Ausdrucksweise. Sie passt sich jeder Umgebung und jeder Situation an. Sie ist zugleich mehr und auch weniger als all das Genannte: sie ist die Verwirklichung einer inneren Haltung. Sie *besteht in einer Verfassung des Herzens, die uns demütig macht und klein in den Armen Gottes, unserer Schwachheit bewusst und bis zur Kühnheit vertrauend auf seine Vatergüte*[52]. Sie

---

50 Am 9. September 1890, am Tag nach der Gelübdeablegung der heiligen Therese vom Kinde Jesus, schrieb Mutter Marie de Gonzague an die Priorin des Karmels von Tours: *Das Befinden meiner verehrten Mutter Genoveva wechselt, und seit acht Tagen ist sie sehr müde. Gott hat aber erlaubt, dass ihr Herz noch Zeuge sein konnte von dem Glück eines Kindes, das ich gestern Gott zum Opfer brachte. Dieser kindliche Engel zählt siebzehneinhalb Jahre, hat aber den Verstand einer Dreißigjährigen, die Ordensvollkommenheit einer alten, vollendeten Novizin und eine hohe Selbstbeherrschung. Das ist eine vollendete Ordensfrau. Gestern konnte kein Auge trocken bleiben beim Anblick ihrer großen und vollkommenen Hinopferung* (Archiv des Karmels von Tours). Vgl. *Correspondance Générale*, p. 580 etc.

51 Wir sind an klare und geordnete Systematisierung in der Spiritualität gewöhnt. Stößt man dann auf die theresianischen Quellen, aus denen die »französische« Spiritualität so reichlich geschöpft hat, ist der Leser erstaunt über die Spontaneität des Lebens, das hier strömt, und über die leichte und einfache Freiheit, mit der sie sich entfaltet und ausdrückt.

52 Vgl. *Derniers Entretiens/Annexes I*, p. 582.

stellt keine anderen Forderungen an die Seele – diese allerdings sind unerlässlich und absolut – als die der Demut und des Vertrauens, die die Seele umformen sollen.

Offensichtlich ist es das gleiche Klima konsequenter Treue und Freiheit, das die beiden Heiligen zur Entfaltung der Seelen unter den Strahlen der göttlichen Liebessonne fordern. Vielleicht ein etwas spitzfindiger Gedanke, doch reich an praktischen Konsequenzen, wissend um die Unberechenbarkeiten, die die Atmosphäre eines Lebens und seines Milieus bestimmen. Leichter ist vielleicht die gemeinsame Sendung, welche die beiden Frauen in der Kirche erfüllen, von den äußeren Bedingungen aus gesehen, zu betrachten.

Nachdem Teresa das Josephskloster in Avila gegründet hatte, um ihren Bedürfnissen nach vertrautem Umgang mit dem Herrn Genüge zu tun, dehnt sie ihre Reform weiter aus,[53] um auf die leidenschaftliche Sehnsucht nach Liebe, die Gott in ihre Seele hineingelegt hatte, zu antworten. Die Nachrichten über die Verheerungen durch die Lutheraner in Frankreich und die Berichte des Franziskaners Maldonado über die Unwissenheit – Ursache für den Verlust von Millionen Heiden in Westindien – entzünden ihren Eifer. Sie vergießt reichlich Tränen und bittet den Herrn eindringlich, ihr zu ermöglichen, ihm einige Seelen zu gewinnen.[54]

Von da an scheint sie, Verantwortung für die Kirche übernommen zu haben, um deren Leiden zu lindern und deren Verlangen nach Ausbreitung zu stillen. In den von ihr gegründeten Klöstern gibt sie ihren Töchtern ihre brennende und schmerzende Sorge weiter: *Für dieses Werk hat Gott euch hier vereinigt. Das ist eure Berufung, das sind eure Aufgaben.*

---

53 Vgl. TvA, *Weg der Vollkommenheit*, S. 73f.
54 Vgl. TvA, *Das Buch der Gründungen*, S. 98ff.

So muss der Gegenstand eurer Wünsche aussehen, der Gegenstand eurer Tränen, das Ziel eurer Gebete.[55] Von nun an ist ihnen die Aufgabe anvertraut, die Verteidiger des Glaubens und die Verkünder des Evangeliums geistlich zu unterstützen, damit sie ihre Mission wirksam erfüllen können. Teresas Sorge um die im Apostolat Tätigen ist durch und durch mütterlich. Wie jubelt sie innerlich, wenn sie dabei auf jemanden trifft, der durch seine natürlichen und übernatürlichen Gaben in besonderer Weise »würdig ist, einer unserer Freunde zu werden«, wie sie es Christus gegenüber ausdrückt. Balthasar Alvarez, Garcia de Toledo, Banez und andere werden ihre geistlichen Söhne und bleiben doch gleichzeitig ihre Ratgeber. Unter den »großen Dingen«, die Gott ihr angekündigt hatte,[56] scheint ihr das wichtigste Anliegen die Ausbreitung ihrer Reform auf die Ordensmänner, die Unbeschuhten Karmeliten, zu sein. Sie erwartet von diesen eine stärkere Wirkung ihres persönlichen Einsatzes und deren Unterstützung durch die Macht von Wort und Schrift. Unter ihnen findet sie treue Erben ihrer Gedanken. Sie entdecken in Teresas Werken die ganze Weite ihres eigenen Wirkens und werden so die aktivsten Förderer der missionarischen Bewegung zu Beginn des 17. Jahrhunderts.

Das also ist Teresas Eifer und ihre Liebe zur Kirche! Mit ihrer ganzen Energie hat sie sich der Kirche hingegeben. Allein der Gedanke an die Kirche genügte, um das Gesicht der Sterbenden in geradezu himmlischer Freude erstrahlen zu lassen.[57]

---

55 TvA, *Weg der Vollkommenheit*, S. 76.
56 TvA, vgl. *Das Buch der Gründungen*, S. 108ff.
57 Vgl. Zeugenaussage der Schwester Maria des Heiligen Franziskus, zitiert in Mutter Maria vom Heiligen Herzen, *Histoire de Sainte Therese …*, Lethielleux, Paris, 1938, Bd. II, p. 411f.

Das Kloster in Lisieux hat das wertvolle Erbe der Reformatorin getreu übernommen. Der apostolische Eifer, den Therese bei ihrem Eintritt schon mitgebracht hat, kann sich in solch günstiger Atmosphäre entfalten. Die Heiligung der Priester ist ihr liebstes Gebetsanliegen. Sie hält auch ihre Novizinnen dazu an, um so deren Eifer anzuspornen. Ihre letzte Kommunion opfert sie für den unglücklichen Pater Hyazinth auf, dessen Abfall die Kirche und seine Ordensgemeinschaft mit Trauer erfüllte.[58]

Dem Karmel von Lisieux fiel die ehrenvolle Aufgabe zu, das erste Missionskloster in Südostasien, in Saigon, zu gründen. Man kümmert sich liebevoll und tatkräftig um das ferne Kloster und interessiert sich für alle seine Vorhaben, vor allem seine Gründungen. Kurz, man lebt in Lisieux in einem durch und durch missionarischen Klima. Man denkt daran, Therese zu einer Neugründung nach Hanoi zu schicken. Auch wenn dieser Plan nicht verwirklicht werden kann, so trägt er doch dazu bei, ihre Gedanken und ihre Liebe unmittelbar diesem Apostolat zuzuwenden. Aber hüten wir uns davor, die Entfaltung des apostolischen Eifers von Therese nur dem Einfluss ihrer Umgebung zuzuschreiben! Ihr Eifer entspringt viel tieferen Quellen. An dem Tag, an dem ihr die Priorin einen künftigen Missionar als geistlichen Bruder zuteilt, empfindet sie, wie sie sagt, eine Freude, die *ich kindlich nennen möchte, denn ich muss in die Tage meiner Kindheit zurückgehen, um die Erinnerung an so lebhafte Freuden zu finden, dass die Seele zu klein ist, um sie zu fassen; seit Jahren hatte ich kein derartiges Glück mehr verkostet. Ich fühlte, in diesem Bereich war meine Seele neu; es war, als hätte man zum*

---

58 Über die Bekehrung des P. Hyazinth (Loyson OCD) siehe A. COMBES, *Einführung in das Geistesleben der heiligen Theresia vom Kinde Jesus,* Johann Josef Zimmer Verlag Trier, 1951, S. 220ff.

erstenmal bisher vergessene Saiten berührt.[59] So wie einst Teresa von Jesus durch den Bericht von Pater Maldonado erkannt hatte, welches Feuer der Sehnsucht in ihr brannte, so erfährt Therese vom Kinde Jesus durch dieses kleine Ereignis, welche Saiten Gott in ihrem Herzen anklingen lässt, um sie zur Patronin der Missionen zu machen.

Die beiden Beispiele bestätigen, in welchen Tiefen des göttlichen Lebens sich diese beiden großen Frauen ähnlich sind und wo ihre geistlichen Verbindungen liegen. Weil Therese von Lisieux die brennende und erobernde Liebe von Teresa von Avila (als Erbe) mitbekommen hat, wird sie wie diese Lehrmeisterin des geistlichen Lebens und Missionarin im großen Stil; deshalb folgt sie der »Leuchtspur« von Teresas Sendung. Deshalb folgt sie den schöpferischen Fähigkeiten Teresas und erweitert sie, indem sie deren Inhalt vertieft und verbreitet, so wie eine Tochter die Fruchtbarkeit einer Mutter weitergibt.

Die Lehre des Johannes vom Kreuz

Therese schreibt, dass sie in einem entscheidenden Abschnitt ihres Lebens bei Johannes vom Kreuz Hilfe gefunden hat: *Oh! wieviele Erleuchtungen habe ich aus den Schriften Unseres Vaters, des heiligen Johannes vom Kreuz., geschöpft! … Im Alter von 17 und 18 Jahren bildeten sie meine einzige geistliche Nahrung.*[60]

Niemand hat die Bedeutung dieses Zeugnisses erkannt. Ein entscheidendes Element hat gefehlt, um den geistlichen

---

59 TvKJ, *Selbstbiographische Schriften*, S. 266.
60 TvKJ, *Selbstbiographische Schriften*, S. 184.

Fortschritt von Therese festzustellen und die innere Struktur ihrer Lehre entdecken zu können. Der Einfluss von Johannes vom Kreuz tritt nur dann in seiner ganzen Tragweite zutage, wenn man ihn im theresianischen Zusammenhang sieht, in dem er zur Wirkung kommt.

Im Jahr 1571 wird Teresa durch den Apostolischen Visitator zur Priorin des Menschwerdungsklosters ernannt, das sie neun Jahre zuvor verlassen hatte. Sie soll ihre Reform durchführen. Dazu erbat sie sich Johannes vom Kreuz, um sie in dieser Aufgabe zu unterstützen. Das wurde ihr bewilligt. Johannes vom Kreuz ließ sich in der Nachbarschaft des Klosters nieder. Dort wirkte er als Beichtvater und Seelenführer der Ordensfrauen. Aus Demut hatte Teresa um Johannes gebeten. Diese Demut entsprach der Notwendigkeit und damit der Wahrheit: der Dienst des Paters Johannes vom Kreuz war für die Erneuerung des Klosters unbedingt notwendig. Im Plan Gottes handelte es sich aber um weit mehr als nur darum. Gott wollte die beiden Heiligen in voller geistlicher Reife einander nahebringen. Sie sollten fast drei Jahre hindurch in täglichen Beziehungen miteinander verbunden sein, um ihre sich ergänzenden Erfahrungen auszutauschen und zu vergleichen. So konnten sie sich gegenseitig helfen, die letzten Stufen zu den »Gipfeln«[61] zu überschreiten, ihre Unterweisungen aufeinander abzustimmen und die karmelitanische Lehre zu einem Ganzen zusammenzufügen.[62] Der Reichtum der Synthese, die sie erarbeiteten, entwickelte und formte sich gleichermaßen aus der Verschiedenheit ihres

---

61 Tatsächlich erhält die Heilige im November 1572 während ihres Aufenthalts im Kloster der Menschwerdung die Gnade der geistlichen Vermählung. – TvA, *Das Buch meines Lebens*; S. 242f.
62 Nach diesem Austausch schrieb Teresa von Avila *Wohnungen der Inneren Burg*; das ist ihr Werk mit der besten Gliederung, ein Meisterwerk (1578).

Wesens als auch aus der Erhabenheit ihrer gemeinsamen Gnade. Teresa ist die Mutter, Johannes vom Kreuz ist der Lehrer. Nachdem Teresa ihrem Leben Gestalt gegeben hat, spricht sie von ihren Erfahrungen, denen sie gefolgt ist. Sie beschreibt die Gebiete, die sie erkundet hat und gibt gemäß den Erfordernissen entsprechende Ratschläge. Johannes vom Kreuz scheint unpersönlicher, er gestaltet und strukturiert die mystische Wissenschaft; er abstrahiert, um zu erklären und alles in einleuchtende Prinzipien zu binden, wie ein Scheinwerfer, der seine Strahlen in Lichtbündeln auf den Weg reflektiert, ein Weg, der in die Unendlichkeit führt, bis hin zu Gott, den man erreichen muss.

Der Aufstieg zu den Gipfeln ist unter zwei verschiedenen Aspekten von zwei unterschiedlichen Lichtquellen beleuchtet, die aber aufeinander zugeordnet sind. Geben wir dem leichten Spiel nicht nach, sie in Gegensatz zueinander zu bringen! Man kann die beiden Arten der Unterweisung auch nicht ohne negative Folgen voneinander trennen. Sie ergänzen und erklären sich gegenseitig; ihre eigentlichen Werte und ihre reiche schöpferische Kraft treten erst beim Ineinanderfließen der beiden Lichtbündel in Erscheinung. Würden wir das lebendige Band, das Gott zwischen Teresa von Avila und Johannes vom Kreuz geknüpft hat, nicht erkennen, würde uns ein wichtiges Element ihres Seins und ihrer Lehre entgehen. Die Interpretation des einen ohne den anderen Teil zu berücksichtigen, müsste suspekt erscheinen. Freilich lässt die Einheit jedem seine Eigenart. Man kann also den einen dem andern vorziehen. So erging es auch Therese vom Kinde Jesus. Sie empfand mehr Sympathien für die Schriften des Johannes vom Kreuz und zog diese häufiger zu Rate als die der Mutter. Teresa und Johannes unterscheiden sich nicht nur in der Art der Darlegung, sondern auch durch ihre geistlichen Erfahrungen. Teresa erfährt vor allem die Liebe und beschreibt deren köstliche Gunsterweise. Johannes vom Kreuz dagegen kennt die nackte und oft schmerzliche Erfahrung des göttlichen Lichts, das unseren schwachen Blick blendet. Für Therese vom Kinde Jesus war die Unterweisung des Johannes vom Kreuz wichtiger als die der Reformatorin. Um ihre eigene Erfahrung zu bestätigen, bedarf sie seiner Erleuchtungen; um ihren Weg in neuen Regionen zu erhellen, ist sie auf das Licht seiner Grundsätze angewiesen. Im Alter von siebzehn und achtzehn Jahren liest Therese intensiv die Schriften des mystischen Lehrers. Das ist in den Jahren 1890 und 1891, die für ihre geistliche Entwicklung sowohl leidvoll als auch entscheidend sind. Gottes Geist ist allein am Werk und hat alle weiteren Einflussmöglichkeiten auf ihre Seele unterbunden, um in ihr zu wirken. Er hüllt sie in Dunkelheit und in eine Angst, über die sie nichts sagen kann, in ein scheinbares Chaos, das doch eine glückhafte Zeit mit der Erfahrung fruchtbarer Impulse ist – eine Zeit, in der der Geist Gottes in der Tiefe wirkt. Hier legt Gottes Geist ein solides Fundament für die Lehre von der geistlichen Kindschaft. Er verankert die Grundideen im Innersten von Thereses Seele.

Später können klare und tragende Formulierungen daraus hervorgehen. Der »Lehrer der Nacht« ist der einzige Führer der jungen Karmelitin, der einzige Mitarbeiter, den Gott selbst in dieser Periode innerer Gärung und leidvollen Werdens zulässt. Diese Periode endet mit den Exerzitien von P. Alexis (1891).

Was findet Therese in den Schriften des Johannes vom Kreuz? Ein Klima, das ganz jenem entspricht, in dem sie lebt. In ihrer peinigenden Einsamkeit hat sie den Eindruck, die

Heimat ihrer Väter, der Eremiten im Gebirge, wiedergefunden zu haben. Sie entdeckt eine Lehre, die ihre Nacht so sehr erhellt, dass sie sich in dieser Nacht aufhalten kann, ohne dass die Finsternis verschwindet. Die Lehre gibt Antwort auf ihren Hunger nach dem Absoluten. Sie findet ihre Einsicht bestätigt: der Glaube muss im Dunkel und in nichtssagender Ruhe geläutert werden; die Hoffnung muss vervollkommnet werden im Verzicht auf alle Dinge und in völliger Armut. Therese erklärt sehr anschaulich ihre Überzeugung von der Existenz dessen, was über Finsternis und Armut hinausgeht, und ihre Überzeugung von einem unermesslichen Ozean der Liebe, der im Dunkel über ihre Seele hinwegbrandet.

Die junge Karmelitin wird ergriffen von diesem kraftvollen Denken, von dieser strengen und liebevollen Logik und von diesen erhabenen Beschreibungen.[63] Hier findet sie genau das ausgedrückt, was sie fühlt. Sie wird von der harmonischen Musik der Worte und der kühnen Poesie der Symbole im Werk des Johannes vom Kreuz durchdrungen, die dieses »Ich-weiß-nicht-Was« von Unaussprechlichem durch göttliche Berührung in die Seele gesenkt hat. Sie wird gestärkt durch die tiefsinnigen und reichhaltigen Texte und lässt sich – durch sie verinnerlicht – auf Gebiete ein, in denen sie Beziehungen neu anknüpfen kann. So fest und so tief hat sie sich die Texte von Johannes vom Kreuz eingeprägt, dass sie später bei Gesprächen mit den Novizinnen und im Unterricht, den sie den Novizinnen erteilt, daraus zitieren kann. Sie zitiert diese, wenn sie eine Behauptung rechtfertigen oder für die Liebe begeistern will.

---

63 Es scheint, dass der heute stärker intellektuell geprägte Mensch sich im allgemeinen so wie Therese vom Kinde Jesus leichter in der Erfahrung des Johannes vom Kreuz wiedererkennt.

Die Grundlage der Lehre des Johannes vom Kreuz wird auch jene von Therese. Sie hat diese auf die ihr eigene Weise geistig verarbeitet und in ihrer persönlichen Sprache ausgedrückt. Dennoch steht fest, dass die Struktur der Lehre von der geistlichen Kindschaft nur im Licht der Lehre des Johannes vom Kreuz erkannt werden kann. Es gibt kein Werk - das Evangelium ausgenommen – das ihre Seele und ihre Spiritualität tiefer geprägt hat, als die Schriften des Johannes vom Kreuz. Die anerkannte Gegenleistung der Tochter: Die Achtung und die Anerkennung, die der Lehrer der Mystik bei unseren Zeitgenossen gefunden hat, verdankt er zum Teil der Kleinen Heiligen. Sie hat sein anziehendes Talent, das bis zu ihrer Zeit ausschließlich streng beurteilt worden war, ins rechte Licht gerückt.

Im 11. Kapitel der *Selbstbiographischen Schriften* erzählt Therese ihrer ältesten Schwester Marie den tröstlichsten Traum ihres Lebens[64]: Es war am 10. Mai 1896, als bereits ein Sturm gegen den Glauben in ihrer Seele wütete. Sie befindet sich in einer Galerie, als ihr drei verschleierte Karmelitinnen erscheinen. Die größte von ihnen nimmt sie unter ihren Schleier, und da erkennt Therese in ihr die Ehrwürdige Anne de Jesus, Gründerin des Karmels in Frankreich. Ein Gespräch entwickelt sich: »Wird der liebe Gott mich bald holen kommen?« — »Ja, bald, bald« – »Ist der liebe Gott mit mir zufrieden?« Das Gesicht der Erscheinung leuchtet auf: »Der liebe Gott verlangt nichts anderes von Ihnen; er ist zufrieden, sehr zufrieden.« Und sie begleitet ihre Worte mit

---

64 TvKJ, *Selbstbiographische Schriften*, S. 195ff. (Therese sagt dort tatsächlich nur *im Traum*: TvKJ, *Selbstbiographische Schriften*, S. 194; später sagt sie noch: »Dieser schöne Traum ... hat nichts von seiner Frische, seinem himmlischen Reiz eingebüßt«. - Vgl. TvKJ, *Selbstbiographische Schriften*, S. 196.)

zarten Liebkosungen.[65] Aber leider! Therese wacht auf; der Traum ist zu Ende. Noch monatelang lässt er in ihrer Seele Thereses tiefe übernatürliche Eindrücke zurück. Wir können in diesem Fall von einer übernatürlichen Bekundung ausgehen. Doch auch wenn dieser Traum nur symbolischen Wert hätte, würde er uns interessieren. Die Ehrwürdige Anne de Jesus ist uns sehr gut bekannt. Zeitgenossen, insbesondere Banez, sprechen mit größter Bewunderung von ihr. Sie ist die bevorzugte Tochter von Teresa von Avila, die sie ihre Krone nannte. Johannes vom Kreuz hat ihr den Geistlichen Gesang gewidmet. So erbt sie das Gedankengut von beiden, und ist strenge Verteidigerin ihrer geistigen Anliegen. Berührt es nicht, dass gerade Anne de Jesus als lebendige Synthese des Geistes der beiden Reformatoren kommt, um Therese zu beruhigen und ihr ein Zeugnis der Zuneigung des ganzen Himmels zu bringen? Welch würdige Vergangenheit neigt sich hier über die Gegenwart und die Zukunft! Die berufenste Repräsentantin der großen karmelitanischen Tradition bringt der verängstigten Therese die Zusicherung, dass der Weg der Kindschaft den von den Reformatoren aufgezeigten Weg der Vollkommenheit auf gelungene Weise fortsetzt.

---

[65] Vgl. TvKJ, *Selbstbiographische Schriften*; S. 195ff.

II. Nova: Die neue Botschaft

Nach und nach erkannte Therese ein neues Sein in ihrem Leben.[66] Sie erlebte in ihrem wechselhaften und manchmal gleichzeitigen Spiel von hellem Licht[67] und schmerzlichen Finsternissen, von unumstößlichen Sicherheiten und erdrückenden Ängsten einen häufigen Szenenwechsel wie es großen geistlichen Erneuerern sehr wohl bekannt ist. – Zwischen Juni und September 1897 spricht sie zehnmal von ihrer Sendung nach dem Tod.

Die übernatürliche Intuition von Therese vom Kinde Jesus wurde durch die reiche Vielfalt und die außerordentlich erfolgreiche Wirkung ihrer Schriften und ihrer Lehre, ihres *Rosenregens* und die Erklärungen der Kirche bestätigt. Letzteren sagt man nach, sie haben geistliche Erfahrungen und Impulse von Therese vom Kinde Jesus[68] kanonisiert. Es mag überflüssig erscheinen, die Glaubwürdigkeit und die Neuheit ihrer Botschaft zu beweisen. Uns interessiert der Inhalt dieser Botschaft. Ihn werden wir untersuchen, zuvor aber müssen wir einige notwendige Bemerkungen machen über die Art und Weise von Thereses Ausdrucksweise und Formulierungen.

---

66 Vgl. TM, *Ich gehe ins Leben ein, Letzte Gespräche der Heiligen von Lisieux*, S. 110f.
67 Therese sagt zu Mutter Agnes von Jesus: *Ich will über die Nächstenliebe sprechen. O, daran liegt mir viel. Ich habe darüber zu große Einsichten erhalten, die ich nicht für mich allein behalten will. Ich versichere Ihnen, die Liebe wird auf Erden nicht verstanden, und dennoch ist sie die Haupttugend (PSH II*, S. 169).
68 Vgl. A. COMBES (s. oben Anm. 58), S. 18.

Eigenart der theresianischen Botschaft

Eigenart und praktisches Ziel der Lehre der Meister des Karmel, insbesondere der von Johannes vom Kreuz, ist schon hervorgehoben worden.[69] Diese Kontemplativen griffen zur Feder, um der seelischen Unerfahrenheit der Menschen zu Hilfe zu kommen und ihnen die Wege zu den Gipfeln auch schriftlich zu weisen, zu denen sie selbst gelangt waren. Trotz der Ausrichtung auf die Praxis bleibt die Lehre des Johannes vom Kreuz logisch und klar aufgebaut auf Grundgedanken, die ihn leiten. Auch Teresa von Avila ordnet und gliedert in ihren Schriften, indem sie die Stufen geistlicher Entwicklung beschreibt. Beide sind Lehrer, und sie haben eine Grundlage für die mystische Wissenschaft geschaffen.

Therese ist, wie wir gesehen haben, die authentische Tochter von Teresa und von Johannes vom Kreuz. Durch die Erziehung in der Familie und durch persönliche Begeisterung ist sie von den gleichen apostolischen Interessen erfüllt. Auch sie gibt weiter, was ihr lieb und wertvoll ist, um zu führen und zu helfen. Im Vergleich zu den großen Meistern des Karmel ist sie eine jugendliche Meisterin. Wir erinnern uns an die junge Gehilfin im Noviziat, die sie war und die sie für uns bleibt.

Hier einige Äußerungen, die für ihre Botschaft charakteristisch und typisch sind. Am 17. Juli 1897 sagte sie:

Ich fühle, dass meine Sendung anfangen wird, meine Sendung, den lieben Gott so lieben zu lehren, wie ich ihn liebe.

---

69 J. MARITAIN im Vorwort zu *Saint Jean de la Croix* von P. BRUNO DE JESUS-MARIE, Plon, Paris, 1928, p. 17f.

Welchen Weg wollen Sie die Seelen lehren? – Meine Mutter, es ist der Weg der geistlichen Kindschaft, es ist der Weg des Vertrauens und der gänzlichen Hingabe. Ich will sie die kleinen Mittel lehren, die mir so ausgezeichnet gelungen sind; ich will ihnen sagen, dass es nur eines zu tun gilt: Jesus die Blumen der kleinen Opfer zu streuen, ihn durch liebevolle Aufmerksamkeit zu gewinnen. So habe ich ihn gewonnen, und deswegen werde ich so gut aufgenommen werden.[70]

Sie ist unsere junge Meisterin: sie sitzt neben uns und vertraut uns ihre Erinnerungen und Erfahrungen an. Sie legt die durch die Erfahrung gewonnenen Wahrheiten dar und folgert daraus praktische Ratschläge. Sie wiederholt ihre Empfehlungen mit Nachdruck und unterstreicht dadurch die Echtheit ihrer Überzeugung. Auf diese Weise äußert sie ihr liebevolles Vertrauen uns gegenüber. Machen wir es wie sie: nicht größer werden, arm bleiben, ein unerschütterliches Vertrauen bewahren und die Mittel, die ihr geholfen haben, ergreifen: kurz, ihr auf dem Kleinen Weg folgen. Sie stellt ihre Gedanken auf sehr reizvolle und anziehende Weise dar. Sie verwendet keine theologischen Schnörkel, sie unternimmt nicht den Versuch einer intellektuellen Koordination oder begrifflicher Erklärung, sondern sie beschreibt mit kindlicher Einfachheit und Armut. Bisweilen unterstreicht sie eine Behauptung mit einem Text

---

70 TM, *Ich gehe ins Leben ein, Letzte Gespräche der Heiligen von Lisieux;* 110f. (Die Frage von Mutter Agnes findet sich so in PSH I; S. 182. Man weiß, dass dieser Ausdruck »geistliche Kindschaft« nicht von Therese stammt, sondern ohne Zweifel von Mutter Agnes – Vgl. C. DE MEESTER, *Dynamique de la Confiance* ... Cerf, Paris, 1969, p. 578 etc. — Beachtenswert ist, wie Maria-Eugen Grialou über den Ausdruck hinaus zum Geist der Kindschaft vorstößt bis hin zu seiner äußeren Darstellung; die Grundlage dafür liegt in der erfahrbaren Erkenntnis von Gott, die Liebe ist. – Vgl. auch MEG, *Ich will Gott schauen*, S. 998.

aus der Heiligen Schrift oder von Johannes vom Kreuz. Einen Gedanken illustrierendes Bild verbindet sie mit der Einfachheit der Formulierungen. Dadurch verbirgt sie die Originalität ihres Denkens und den Reichtum ihres Lebens noch besser.

In dem Verständnis von Kleinsein liegt eine echte Gefahr. Es wurde auch nicht immer vermieden, dieses offenkundige Kleinsein mit einer gewissen Geschicklichkeit zu verwechseln, mit der man Erfordernisse der Heiligkeit an kindliche Schwäche und an das träge Gesetz des geringeren Widerstands anpassen kann. Die Einfachheit wird dabei auf eine lächelnde Mittelmäßigkeit und eine langweilige Banalität heruntergespielt. Hinter dieser Einfachheit verbirgt sich aber in Wirklichkeit eine heroische Kraft, die zu einer unbestreitbaren Größe führt. Wenn wir tiefer in die Lehre Thereses eindringen, erkennen wir eine große intellektuelle Spannweite und geistlichen Scharfsinn. Darüber mag man zunächst überrascht und dann irritiert sein. Man wird vor der ihr eigenen Tiefe und Harmonie geradezu von einem Schwindel erfasst. Das ist das übereinstimmende Zeugnis mehrerer Theologen, die mit der theresianischen Lehre vertraut sind. Unter dem Vorwand, die theresianische Botschaft ihren eigenen Werten entsprechend darzustellen, dürfen wir nicht irgendeine großartige Fassade aufrichten. Nehmen wir ihr nicht die einfache und arme Schönheit eines Kindes, die ihr so wunderbar entspricht! Das hieße nicht nur, sie ihres erobernden Reizes zu berauben und ihre Wirkkraft und Wirksamkeit zu schmälern, sondern ihr ihre besondere Gnade zu entziehen und eine tiefe Harmonie zu zerstören. Es hieße, dem David seine Hirtenschleuder wegzunehmen, um ihm mit dem Panzer Sauls zu bekleiden. Diese äußere Einfachheit ist Ausdruck der wesentlichen

Eigenschaft der theresianischen Botschaft und für all das, was ihren Wert und ihre Neuheit ausmacht.

Hier gelangen wir tatsächlich zum zentralen Punkt unserer Studie. Was ist neu an dieser Botschaft? Therese bringt uns keine neuen Offenbarungen und keine neuen theologischen Schlussfolgerungen. Ich hoffe: Alle sehen es so wie ich und freuen sich darüber, – selbst die eifrigsten Anhänger, zu denen wir ja gehören wollen. Das Neue bei Therese: Sie sieht Gott und das Christentum mit reinen und ungetrübten Augen eines Kindes. Was ihr Kinderblick erkannt hatte, verwirklichte sie mit rigoroser und absoluter Logik. Später hat sie das mit kindlicher Einfachheit und unbefangener Echtheit zum Ausdruck gebracht. Sie hat sich auf die Wahrheit ohne Vorurteile eingelassen. Ihre Reinheit hat das Wesentliche zu erfassen vermocht. Großmütig und vollkommen hat sie es in ihrem Leben umgesetzt. So führt uns Therese zur Wahrheit und Unversehrtheit einer ganz dem Evangelium entsprechenden Lehre zurück. Diese alles durchdringende Einfachheit stellt die besondere Gnade von Therese dar. Sie ist die Neuheit in ihrer Botschaft.[71] Einfach-

---

71 Zwischen der geistlichen Lehre eines heiligen Paulus und der einer Therese von Lisieux sind wiederholt Ähnlichkeiten aufgezeigt worden. Die Lehre von Therese ist durch die beiden Pole Gotteserkenntnis und Erkenntnis der menschlichen Armut bestimmt; Pole, die uns einladen, die Arme Jesu als Aufzug zu benützen, um die Gipfel der Vereinigung mit Gott zu erreichen. Wenn man diese Lehre zusammenfasst, denkt man an die geniale Synthese der *Summa theologica* des Thomas von Aquin, die auf der Dreiheit gründet: Gott, der Mensch, die Rückkehr des Menschen zu Gott durch Jesus Christus. Es ist ebenfalls leicht festzustellen, dass die bestimmende Gedankenentwicklung für den einen wie den anderen Autor die Verehrung der Transzendenz Gottes und der Vorrang seines Handelns ist. Therese vom Kinde Jesus hat zwar nie die *Summa theologica* gelesen, aber Einfachheit und Tiefe gewähren die glücklichsten Begegnungen im gleichen Licht, selbst wenn man auf verschiedenen Gebieten arbeitet.

heit und Tiefe sind Eigenschaften großer geistlicher Meister. Dadurch ist die Kleine Therese gleichberechtigt unter die großen geistlichen Lehrer aller Zeiten einzureihen.

Ist Therese vom Kinde Jesus also eine große Theologin? Sicher nicht im herkömmlichen Sinn des Wortes. Bei dem Wort *Theologie* denken wir an Erklärungen der göttlichen Wahrheit, mit denen sich die vom Glauben erleuchtete Vernunft abmüht. Aber wenn wir die spirituelle Theologie definieren können als die Wissenschaft, die allen Geschehnissen im Licht Gottes und Christi ihren Platz zuweist und das Unterwegssein des Menschen auf sein letztes Ziel hin mit Weisheit gestaltet, dann ist die Kleine Therese zweifellos eine sehr große Theologin. Ihr auf Gott ausgerichteter Blick ist zu solchen Tiefen vorgedrungen und hat in so reiner Klarheit den Weg geschaut, der dorthin führt, dass sie ihre Entdeckung in einer Sprache kindlicher Einfachheit ausdrücken konnte. Ihr war in hohem Maße die Wissenschaft vom Heil zu eigen, und sie hat diese mit einer seltenen Vollkommenheit weitergegeben.[72]

Ein Problem bleibt noch zu lösen, eine Schwierigkeit zu überwinden. Wie kann man die unter kindlicher Einfalt verborgenen Werte entdecken? Therese hat uns inhaltsreiche Gedanken hinterlassen, doch ohne Darlegung als Lehre. Sie hat keine Abhandlung verfasst, in der verschiedene Aspekte geordnet, geklärt, genau bestimmt und für jedermann verständlich beschrieben sind. Damit wäre ihre Verbreitung gesichert. Die Kleine Heilige aber hat den Theologen die Sorge für eine derartige Arbeit und Ausarbeitung ihrer Texte überlassen. Die Bemühungen des Kongres-

---

[72] Benedikt XV. in der schon erwähnten Ansprache vom August 1921, in *Vie Thérèsienne 92* (Oktober 1983); p. 270.

ses lassen auf ein Ergebnis hoffen, um dafür Grundlagen zu legen und auf die großen Strukturlinien hinzuweisen. Abschließend werden wir eine Synthese der praktischen Lehre der Heiligen vorstellen. Dadurch werden einige Wahrheiten der spirituellen Theologie erneut zur Sprache kommen.

Inhalt der theresianischen Botschaft

Synthese der praktischen Unterweisung

In Thereses Unterweisung gibt es mehrere wichtige und eindrucksvolle Punkte, die die Aufmerksamkeit auf sich lenken und an sich binden: zum Beispiel die Hingabe, die kleinen Opfer, der Weiheakt. Die Versuchung, sich durch sie faszinieren zu lassen und sie zur Mitte der theresianischen Botschaft zu machen, ist groß. Ja, wir betonen »Versuchung«, denn es scheint, dass man mit der Konstruktion einer Synthese, die die ganze Lehre erklären will, nur scheitern kann. Eine Synthese ihrer Botschaft scheint nur möglich, wenn man auf die Quellen zurückgreift, auf denen sie aufbaut. Therese war ein von Gott ergriffener Mensch, eine echte Kontemplative. Ihre mystische Erfahrung, obgleich dunkel, war ohne Zweifel die Lichtquelle, die all ihre Schritte und ihre ganze Lehre erhellt. Nehmen wir das als Ausgangspunkt!

Kontemplative Erfahrung: Gott ist barmherzig

In den *Selbstbiographischen Schriften* schreibt Therese: *Mir hat (Gott) seine unendliche Barmherzigkeit gegeben, und nur durch sie hindurch betrachte ich und bete ich an die übrigen göttlichen Vollkommenheiten! ... Dann erscheinen sie mir alle strahlend von Liebe; selbst die Gerechtigkeit (und sie vielleicht noch mehr als jede andere) scheint mir mit Liebe bekleidet... Welch süße Freude zu denken, dass Gott gerecht ist, das heißt, dass Er unserer Schwäche Rechnung trägt, dass Er um die Gebrechlichkeit unserer Natur genau weiß. Wovor sollte ich mich also fürchten? Ach, der unendlich gerechte Gott, der sich herabließ, dem verlorenen Sohn alle seine Fehler mit so viel Güte zu vergeben, sollte Er nicht auch mir gegenüber gerecht sein, die ich ›immer bei Ihm bin‹? ...*[73]

Die Einfachheit dieser Aussage könnte leicht ihre Bedeutung und ihren Wert verbergen. Es handelt sich tatsächlich nicht um eine jener Erleuchtungen, die einen Augenblick oder mehrere Tage lang unser Gebet nährt. Der Blick Thereses ist so einfach, dass ihr alles in Gott und in der Welt unter diesem einzigen Licht erscheint, in einem einzigen Spiegel, in dem des unendlichen Erbarmens. Das ist die eigentliche Grundlage der *Selbstbiographischen Schriften* von Therese Martin. Sie beweisen die Wahrheit dieser Tatsache. Therese besingt das göttliche Erbarmen, dessen souveränes Handeln sie sowohl in der Gesamtheit ihres Lebens wie auch in dessen Einzelheiten entdeckt. Sie entdeckt es in den glücklichen Ereignissen wie zum Beispiel in Celines Eintritt in den Karmel und auch in den schmerzlichsten wie in der demütigenden Krankheit ihres Vaters. Diese Einsicht und Erkenntnis von Therese ist vergleichbar mit dem Licht, das dem erblindeten Saulus die Harmonie der ewigen Pläne Gottes einsichtig gemacht hat. Es ist das gleiche, das Paulus verstehen ließ, wie der Vater nach dem Sündenfall[74] die Menschheit mit dieser Liebe umfassen konnte, die ihn mit seinem Sohn verbindet. Dieses Licht hatte in ihm

---

[73] TvKJ, *Selbstbiographische Schriften*, S. 185ff. Vgl. Lk 14,31.
[74] Vgl. Eph, 1,3–15; Kol 1,13–29.

auch das Verständnis für die freie Wahl und für die Umwandlung, die an ihm geschehen ist,[75] geweckt.

Im Plan der Erlösung finden alle Dinge ihren Sinn und ihren Daseinsgrund im göttlichen Erbarmen. Es lenkt die Heilsordnung der christlichen Welt und den Aufbau des mystischen Leibes Christi. Diese göttliche Glaubenswahrheit in so einfachem und so reinem Licht erkannt zu haben, dürfte die höchste und wichtigste kontemplative Gnade sein, die Therese vom Kinde Jesu zuteil geworden ist. So ist es auch unsere Aufgabe, ihre Bedeutung zu unterstreichen.

Grundlage und Ausgangspunkt dieser Gnade war die dunkle Gegenwart Gottes. Sie, so scheint es, umgab sie und zog sie seit frühester Kindheit zur Sammlung hin. Ihr Herz und ihre durch die warme Zuneigung in der Familie gebildete Empfindsamkeit, der tiefe Schmerz durch den Tod der Mutter, die psychische Erschütterung durch den Eintritt Paulines in den Karmel – das alles löste sie aus der Welt und öffnete sie uneingeschränkt der unerschaffenen göttlichen Liebe. Die kleine Schülerin der Benediktinerinnen erfuhr in den Enttäuschungen, die ihr ihre Kinderfreundschaften einbrachten die göttliche Eifersucht.[76] Gott wollte ihre Seele für sich allein haben. Therese durfte das bei ihrer Erstkommunion spüren, die eine Begegnung, ein ineinander Aufgehen war: *An diesem Tage aber war es nicht mehr ein Blick, sondern ein Aufgehen ineinander, sie waren*

---

75 *Gott schenkt Erbarmen, wem er will, und erweist dem Erbarmen, dem er Erbarmen schenken will. Also kommt es nicht auf das Wollen und Streben des Menschen an, sondern auf das Erbarmen Gottes* (Röm 9,16). – *Durch die Gnade Gottes bin ich, was ich bin* (1 Kor 15,10). – *Gott hat uns gerettet, nicht weil wir Werke vollbracht hätten, die uns gerecht machen, sondern aufgrund seines Erbarmens* (Tit 3,5). – *Wo die Sünde mächtig war, da ist die Gnade übergroß geworden* (Röm 5,20).
76 Vgl. TvKJ, *Selbstbiographische Schriften*, S. 77.

nicht mehr zwei, Therese war verschwunden, wie der Wassertropfen im weiten Meere sich verliert. Jesus allein blieb. Er war der Herr, der König.[77]

Zu der Erfahrung, dieses »Aufgehens« in der göttlichen Liebe, kommt in der Weihnachtsgnade von 1886 die Erfahrung der umformenden Kraft durch ebendiese Liebe: Es wird ihr Liebe eingegossen, die all ihre Empfindungen durchdringt. *In einem Augenblick hatte Jesus vollbracht, was mir in zehnjähriger Anstrengung nicht gelungen war. Er begnügte sich mit meinem guten Willen, an dem es mir nie fehlte … Ja, ich fühlte die Liebe in mein Herz einziehen, das Bedürfnis, mich selbst zu vergessen, um (anderen) Freude zu machen, und von da an war ich glücklich! …*[78] Kurze Zeit später empfing Therese eine weiterer Gnade: die Begeisterung und das Verlangen, Seelen zu retten. Das ließ sie unmittelbar in die göttliche Liebe eindringen. Dadurch erfuhr sie deren tiefe Betrübnisse und Leiden: »Die göttliche Liebe hat das brennende Verlangen, sich auszubreiten , aber die Menschen weigern sich, sie aufzunehmen.«[79]

Was Therese jetzt an übernatürlichen Gunsterweisen empfängt, dient mehr dem immer tieferen Eindringen in die göttliche Liebe, als der Entdeckung neuer Wahrheiten. Der göttliche Künstler versetzte Therese in den Karmel, nachdem er ihre Seele, das Gefäß seiner Erwählung, mit seinen Händen bearbeitet und durch die Prägungen seiner außerordentlichen Gnade geformt hatte. Dort lässt er dieses Meisterwerk seines Wohlgefallens unter langsamen und anhaltenden Einwirkungen des Feuers seiner Liebe in seiner

---

77 TvKJ, *Selbstbiographische Schriften*; S. 73.
78 TvKJ, *Selbstbiographische Schriften*; S. 96f.
79 Vgl. TvKJ, *Selbstbiographische Schriften*; S. 77f.

endgültigen Form Gestalt annehmen. Diese Arbeit geschieht vor allem in langen kontemplativen Trockenheiten. Sie sind der gleichmäßig grauen Aschenschicht vergleichbar, die die Glut bedeckt und dabei die Wirkung konzentriert. Die Trockenheiten hüllen die Seele in einen Schutzmantel und ermöglichen so dem inneren Feuer der Liebe, sie zu durchdringen, sie zu reinigen, sie langsam zu verzehren, bis sie in einen Feuerbrand der Liebe verwandelt ist. Therese kennt übrigens nicht nur Trockenheiten. Sie gesteht, Verzückungen gehabt zu haben. 1895 spricht sie über viele Erleuchtungen. In dieser Zeit bestärken der *Geistliche Gesang* und *Die Lebendige Liebesflamme* des heiligen Johannes vom Kreuz ihre verborgenen Ahnungen über die Liebe Gottes und sein Wirken in der Seele. So gelangt Therese zur tiefen Schau der göttlichen Liebesglut. Diese Vision lebendigen Glaubens lässt sie durch Erfahrung verstehen, dass die göttliche Liebe das Bedürfnis hat, sich zu verschenken. Sie begreift die Enttäuschung dieser Liebe angesichts des Hasses und der Gleichgültigkeit. Daraus erwächst ihr Verlangen, sich fortan nicht nur in einem vernünftigen Maß hinzugeben, sondern nur noch nach den Erfordernissen und Bedürfnissen der Geschöpfe. So weit hat sich die göttliche Liebe herabgelassen, sie ist nur noch Barmherzigkeit. Therese dringt in dieses Geheimnis ein. Die Entdeckung des Erbarmens regt Therese an, sich am Dreifaltigkeitsfest, dem 9. Juni 1895, der Erbarmenden Liebe zu weihen. Diese Weihe auf dem Höhepunkt des geistlichen Lebens von Therese hat weitreichende Bedeutung. Sie lässt ihre Lehre und Sendung klar erkennen.

Diesem Weiheakt folgt eine zweifache Antwort Gottes. Die erste ist die Gnade der Liebesverwundung am Freitag, den 14. Juni 1895, also nur einige Tage später. Therese wird die Inbesitznahme ihrer Seele durch die Barmherzigkeit zuteil. *Oh! Seit jenem glücklichen Tag will mir scheinen, die Liebe durchdringe und umgebe mich ganz.*[80] Therese erfährt die umwandelnde Liebe in überreicher Fülle. Die zweite Antwort, so scheint uns, findet sich in den Versuchungen gegen den Glauben. Sie ist ihnen vom darauffolgenden Jahr an (Ostern 1896) ausgesetzt. Diese Prüfung lässt ein spürbares Überströmen der Liebe erfahren. Ihr hauptsächliches Ziel aber ist es, Therese am Drama der göttlichen Liebe hier auf Erden teilnehmen zu lassen, an ihrem schmerzlichen Kampf gegen die Sünde. Das ist das innere Drama von Gethsemani und Golgotha, in gewisser Weise ein unmittelbares Aufeinandertreffen von Liebe und Hass.

Es ist verständlich, dass der Blick Thereses auf das Antlitz des leidenden Jesus gerichtet ist. Dieses Antlitz ist ihre *einzige Heimat, ihr Reich der Liebe, das Gestirn, das ihre Schritte lenkt*[81]. Therese ist auch bereit, mit dem leidenden Jesus teilzuhaben an dessen Schmerzen für die Sünder[82]. Sie will ihn von jetzt an nicht mehr verlassen, bis sie seinen Tod in den Finsternissen von Golgotha teilen wird. Dem Einswerden mit dem gekreuzigten Christus muss der Sieg mit dem Auferstandenen folgen. Dieser Sieg hat begonnen. Das Kreuz ist Erhöhung. Im Augenblick der Prüfung ist das Wesentliche der theresianischen Lehre gefunden. Ihre Mission beginnt. Alle weitere Entwicklung geht künftig von der tiefen Erfahrung der umgestaltenden und leidvollen Liebe aus. Sie ist die Quelle für ihre Sehn-

---

80 TvKJ, *Selbstbiographische Schriften*, S. 186f.
81 THERESE von LISIEUX, *Gedichte der heiligen Theresia von Lisieux*, S. 82ff.
82 Vgl. TvKJ, *Selbstbiographische Schriften*, S. 220.

sucht nach einem Apostolat, das sich auf alle Zeiten und alle Orte erstreckt, – eine Torheit, die sich nur die Liebe erlauben kann, weil sie allein fähig ist, sie zu verwirklichen[83]. Sie ist auch die Quelle ihrer Einsichten in die Liebe selbst, die alle Berufungen in sich schließt.

Ich begriff, dass die Liebe alle Berufungen in sich schließt, dass die Liebe alles ist, dass sie alle Zeiten und Orte umspannt ... mit einem Wort, dass sie ewig ist ... Da rief ich im Übermaß meiner überschäumenden Freude: O Jesus, meine Liebe ... endlich habe ich meine Berufung gefunden, meine Berufung ist die Liebe! ... Ja, ich habe meinen Platz in der Kirche gefunden, und diesen Platz, mein Gott, den hast du mir geschenkt ... Im Herzen der Kirche, meiner Mutter, werde ich die Liebe sein ...[84]

Therese wird Liebe sein. Schon jetzt ist sie ein Feuerherd der Liebe. Diese Erkenntnis führt in ihre Mitte, in die Umwandlung und Identifikation mit der in ihr schon verwirklichten göttlichen Liebe. Hier liegt die Quelle alles Guten, der höchsten Freude und unnennbarer Leiden, der universalen Schöpferkraft und das Verankertsein in einem ewigen Frieden. Was wird sie tun, um das Verlangen Gottes zu stillen und um das göttliche Herz und die Not der Menschen zu erleichtern? Ein einziges Ziel wird künftig ihr persönliches Leben und ihre Sendung bestimmen; dazu fühlt sie sich unentwegt angetrieben: das höchste Gut, die göttliche Liebe, bekannt zu machen und weiterzugeben.

Therese wird gefragt, ob sie sich nach dem Himmel sehne, um sich an Gott zu erfreuen. *Nein,* antwortet sie; *das ist es nicht, was mich anzieht.* – »Was dann?« – *O, es*

---

83 Vgl. TvKJ, *Selbstbiographische Schriften*, S. 198f.
84 TvKJ, *Selbstbiographische Schriften*, S. 200f.

ist die Liebe! Lieben, geliebt werden und auf die Erde zurückkehren, um zu bewirken, dass die Liebe geliebt wird![85] Ihr einziges Verlangen und ihre Sendung bestehen darin, die Menschen zu der Höhe und in die Regionen zu führen, zu denen sie gelangt ist. Sie will die Menschen die Liebe finden lassen und sie Gott übergeben, damit sie ihm dieselbe Freude bereiten. Sie will, dass die Menschen bei Gott dieselben Erfahrungen machen, die sie machen durfte und dass sie dort den gleichen Frieden und die gleiche Kraft finden wie sie selbst: *Warum soll ich danach verlangen, deine Liebesgeheimnisse mitzuteilen, o Jesus, hast nicht du allein sie mich gelehrt und vermagst du sie nicht auch anderen zu offenbaren? ... Ja, ich weiß, du kannst es, und ich beschwöre dich, es zu tun. Ich flehe dich an, erniedrige deinen göttlichen Blick auf viele kleine Seelen ... Ich flehe dich an, erwähle dir eine Legion kleiner, deiner Liebe würdiger Opfer! ...*[86]

Die Liebe erkennen und sie offenbaren, darin besteht das zentralste Anliegen theresianischen Botschaft. Wenn wir das nicht verstanden und angenommen hätten, wäre es wohl kaum sinnvoll fortzufahren.

---

85 Vgl. *Derniers Entretiens/Annexes* (mit Schwester Genoveva), I, p. 596, mit kritischen Anmerkungen p. 621; 625; 721ff. Das Ende des Satzes ist nicht von Therese, die sagte: »Lieben, geliebt werden und auf die Erde zurückkehren ...« Schwester Genoveva fügte in der Korrektur vom 19. Mai 1950 hinzu: »Meiner Ansicht nach ist es nicht notwendig, diesen hübschen und harmonischen Schluss hinzuzufügen: ›um zu veranlassen, die Liebe zu lieben.‹ Das klingt wirklich gut, gibt aber die Einfachheit Thereses nicht wieder. Es ist offenkundig: Wenn sie sich danach sehnte, auf die Erde zurückzukommen, dann um zu bewirken, dass der liebe Gott geliebt wird, und um Seelen für ihn zu gewinnen.«
86 TvKJ, *Selbstbiographische Schriften*, S. 208.

Vertrauen und geistliche Armut

Wie antworten wir auf die Einladung der unendlichen Liebe, und wie überlassen wir uns ihrem Wirken? Für Therese besteht das ganze geistliche Leben in der Lösung dieses Problems.

Der Kontakt mit der übernatürlichen Welt wird durch den Glauben hergestellt. Paulus sagt: Wer sich Gott nähern will, der muss glauben, dass Gott ist und dass er sich denen schenkt, die ihn suchen.[87] Gewöhnlich forderte Jesus von Menschen, die eine Gunst erbaten, dass sie glauben. Wenn dieser Glaube stark genug war,[88] berührte er Jesus zuinnerst und entlockte ihm tatsächlich Wunder.[89] Der flüchtige Kontakt durch einen Glaubensakt genügt der göttlichen Liebe nicht. Sie fordert von der Seele eine Verfügbarkeit, die sie ständig für ihr Wirken offen hält. Die dafür erforderliche Haltung ist das Vertrauen oder der liebende Glaube oder noch besser die Hingabe. Sie übergibt die liebende Seele vollständig an Gott. Liebendes Vertrauen und Hingabe sind also die eigentlichen Grundlagen der theresianischen Spiritualität. Auf die Frage »Welchen Weg wollen Sie die Seelen lehren?« antwortet Therese ohne zu zögern am 17. Juli 1897: *Es ist der Weg der geistlichen Kindschaft, es ist der Weg des Vertrauens und der gänzlichen Hingabe.*[90] In ihren *Selbstbiographischen Schriften* schreibt sie:

Jesus gefällt es, mir den einzigen Weg zu zeigen, der zu diesem Göttlichen Glutofen führt, dieser Weg ist die Hingabe des kleinen Kindes, das angstlos in den Armen sei-

---

87 Vgl. Hebr 11,6.
88 Vgl. Mt 15,28; 8,10.
89 Vgl. Mk 5,25–34.
90 Vgl. *Derniers Entretiens/Annexes*, p. 169. (Vgl. oben Fußnote 70).

nes Vaters einschläft ...[91] Weil das Vertrauen eine theologische Tugend ist, kann es ins Unendliche wachsen. Deshalb konnte Therese sagen: *Man vertraut nie zuviel auf den lieben Gott, der so mächtig und so barmherzig ist. Man erhält von ihm alles, so viel man erhofft.*[92] Und noch kühner schreibt sie: *Das ist alles, was Jesus von uns fordert. Er bedarf unserer Werke nicht, sondern er will nur unsere Liebe.*[93]

Die vom Vertrauen geprägte Liebe wird durch den Kontext erläutert: *Das Verdienst besteht nicht im vielen Tun und Geben, sondern vielmehr im Empfangen, im vielen Lieben ...Es heißt, dass Geben seliger ist als Nehmen, und das stimmt. Wenn aber Jesus die Freude des Schenkens für sich beansprucht, dann wäre es sehr unartig, abweisend zu sein* (Brief an Celine vom 6. Juli 1893).

Ist das nicht eine quietistische Haltung? Gewiss nicht: Therese will die vorrangige Bedeutung des Vertrauens herausstellen, wodurch die Erbarmende Liebe angezogen wird. Dabei leugnet sie die Notwendigkeit von Werken nicht. Vertrauen und Hingabe zu üben, erfordert übrigens eine echt heldenhafte Askese. Diese Tugenden finden ihre Vollkommenheit nur in einer sich ergänzenden inneren Verfassung geistlicher Armut.

In einem Brief an ihre Schwester Maria vom Heiligen Herzen erläutert Therese ihre Botschaft und weist auf die Wechselbeziehungen hin, die zwischen den beiden Tugenden Vertrauen und Armut bestehen: *Ihm (Gott) gefällt es*

---

91 TvKJ, *Selbstbiographische Schriften*, S. 192.
92 P. DESCOUVEMENT, *Une novice de Sainte Thérèse*, p. 107 (Der letzte Satz ist ein Zitat aus JvK, *Die Dunkle Nacht*, S. 164ff.; vgl. *Avis et Maximes 119*, p. 1196).
93 *Selbstbiographische Schriften*, S. 193.

zu sehen, dass ich meine Kleinheit und meine Armut liebe, meine blinde Hoffnung auf seine Barmherzigkeit... Das ist mein einziger Schatz, geliebte Patin, warum sollte dieser Schatz nicht auch der Ihre sein? ...O meine geliebte Schwester, verstehen Sie Ihre kleine Tochter, verstehen Sie: wenn man Jesus lieben, sein Opfer der Liebe sein will -je schwächer man ist, ohne Wünsche, ohne Tugenden, um so mehr ist man geeignet für das Wirken dieser verzehrenden und umwandelnden Liebe.[94]

Therese hat uns mit diesen Zeilen ihr Geheimnis anvertraut, nämlich die innerste Struktur ihres Kleinen Weges des Vertrauens. Um so viel und all das zu erhalten, was sie erhofft, muss das Vertrauen vollkommen sein, das heißt, man darf nur auf Gott allein hoffen, und zwar auf Grund seiner Barmherzigkeit. Durch die Entsagung von allem, was nicht Gott ist, wird die Hoffnung selbst und das, was sie bewegt, geläutert. Wir finden hier das Alles und Nichts von Johannes vom Kreuz wieder. Therese wird nicht müde, die Notwendigkeit von Vertrauen und Armut zu betonen. Sie zeigt die Fruchtbarkeit dieser Verbindung in Verbindung mit dem göttlichen Erbarmen, das sich verströmen will. Sie betont, dass Jesus nicht für die Gerechten gekommen ist, sondern für die Sünder.[95] Die tiefe Not des Sünders zieht Gott an, weil sie ihm eine Leere anbietet, die er füllen will. Die etwas geheimnisvolle Behauptung des Evangeliums hat sich für Therese geklärt: »Es gibt mehr Freude im Himmel über einen Sünder, der Buße tut, als über neunundneunzig Gerechte, die es nicht nötig haben umzukehren.«[96]

---

94 TM, *Briefe*; S. 303f. an Schwester Maria vom heiligen Herzen.
95 Vgl. TvKJ, *Selbstbiographische Schriften*; S. 206; Mt 9,13; Mk 2,17; Lk 5,32.
96 Vgl. Lk 15,7.

Je einmaliger und größer die Gabe Gottes und je unverdienter sie von Seiten des Sünders ist, desto größer ist die Freude Gottes. Thereses Verlangen, der göttlichen Liebe Freude zu bereiten, lässt sie in »geradezu heiliger Weise auf Maria Magdalena eifersüchtig werden. Diese hat mehr geliebt, das heißt mehr Liebe empfangen, weil sie viel gesündigt hatte.[97] Therese erklärt also, dass Gott ihr selbst dadurch alles erlassen habe, indem er sie vor jeder schweren Sünde bewahrt hatte. Wenn man sie im Karmel nicht aufgenommen hätte, wäre sie in ein »Zufluchtsheim«[98] gegangen, um sich in der überreichen Liebe für die Reumütigen einzusetzen.

Die scheinbar subtilen Darlegungen zeigen uns, wie sehr Therese die Armut als wahren geistlichen Broterwerb schätzt. Es gilt, die Liebe anzuziehen: *Schon allein der Wunsch, Opfer zu sein, genügt. Aber man muss einwilligen, immer arm und kraftlos zu bleiben, und das ist schwer, denn ›den Armen im Geiste, wo soll man ihn finden, man muss ihn weithin suchen‹, sagt der Verfasser der Nachfolge Christi ...*[99]

Für Therese besteht die größte Gnade, die Gott ihr erwiesen hat, darin, dass er ihr ihre Kleinheit und ihre Unfähigkeit, aus eigenen Kräften Gutes zu wirken, gezeigt hat.[100]

---

97 Vgl. Lk 7,46f.
98 Vgl. 92 P. DESCOUVEMENT, *Une novice de Sainte Thérèse*, p. 108 etc. – »Zufluchtsheim« ist ein von Ordensfrauen geführtes Haus, in dem jene aufgenommen wurden, die man damals »Büßerinnen« nannte. Therese kannte dieses von Lisieux.
99 TM, *Briefe*, S. 304 an Schwester Maria vom heiligen Herzen. Maria-Eugen Grialou verbessert den Text Thereses (sicherlich gemäß »Geschichte einer Seele«): »Sagt der Psalmist«; es handelt sich aber um Thomas von Kempen, *Die Nachfolge Christi*, II. 11, 4, wo Spr 31,10 zitiert ist.
100 Vgl. TM, *Ich gehe ins Leben ein, Letzte Gespräche der Heiligen von Lisieux*, S. 163.

Sie formuliert ihre Auffassung von der Vollkommenheit folgendermaßen: *Ich sehe, dass es genügt, sein Nichts zu erkennen und sich wie ein Kind Gott in die Arme zu werfen.*[101]

Geistliche Kindschaft

Vertrauen und geistliche Armut ziehen Gottes Liebe unwiderstehlich an. Dieses Gesetz hat sich für Therese in dem Maße bestätigt, in dem sich in ihr die Erfahrung der Liebe entfaltet hat. Diese Entwicklung war anfänglich wohl stärker von innerer Kraft und Intensität als von Klarheit bestimmt. Eine bemerkenswerte Erkenntnis gewinnt Therese offensichtlich in der lichtvollen Zeit zwischen dem Weiheakt an die barmherzige Liebe (9. Juni 1895) und dem Beginn der Glaubensprüfung (Ostern 1896)[102/103]. *… ich will das Mittel suchen, in den Himmel zu kommen, auf einem kleinen Weg, einem recht geraden, recht kurzen, einem ganz neuen kleinen Weg. Wir leben in einem Jahrhundert der Erfindungen, man nimmt sich jetzt die Mühe nicht mehr, die Stufen einer Treppe emporzusteigen; bei den Reichen ersetzt ein Fahrstuhl die Treppe aufs vorteilhafteste. … Ich suchte daher in den heiligen Büchern*

---

101 TM, *Briefe*; S. 347.
102 Vgl. TvKJ, *Selbstbiographische Schriften*; S. 186.
103 Therese vom Kinde Jesus spricht von dieser Gnade im Manuskript B, das im September 1896 geschrieben wurde. Mit einiger Wahrscheinlichkeit wurde ihr diese Gnade Anfang 1896 zuteil, da sie davon nicht in den ersten acht Kapiteln (Manuskript A) ihrer Erinnerungen spricht, deren Redaktion im Januar 1896 beendet war. Wir sind nicht der Meinung, dass diese Gnade trotz ihrer Bedeutung als eine außerordentliche Gnade im eigentlichen Sinn betrachtet werden kann. Sie sollte in ganz einfacher, gewohnter Weise in ihrer Seele leuchten, ohne dass sie erkennen konnte, wie sie ihr zuteil geworden ist.

nach einem Hinweis auf den Fahrstuhl, den ich begehrte, und ich stieß auf die aus dem Munde der Ewigen Weisheit kommenden Worte: Ist jemand GANZ KLEIN, so komme er zu mir ...[04]

... Und weil ich wissen wollte, o mein Gott! was du mit dem ganz Kleinen tätest, der deinem Ruf folgen würde, setzte ich meine Erkundungen fort; und schauen Sie, was ich fand: Wie eine Mutter ihr Kind liebkost, so will ich euch trösten, an meiner Brust will ich euch tragen und auf meinen Knien euch wiegen.[105] *Ach! niemals sind zartere, lieblichere Worte erfreuend an meine Seele gedrungen; der Fahrstuhl, der mich bis zum Himmel emporheben soll, deine Arme sind es, o Jesus! Dazu brauche ich nicht zu wachsen, im Gegenteil, ich muss klein bleiben, ja mehr und mehr es werden.*[106]

Sicher meditiert Therese auch die Stelle im Evangelium, in der Jesus seinen Aposteln ein Kind vorstellt. Einem Kind muss man gleichen, um in das Himmelreich einzugehen: *Wer immer sich klein macht wie dieses Kind, der wird der Größte sein im Himmelreich.*[107]

Die zitierten Textstellen finden bei Therese eine beeindruckende Auslegung. Der in ihnen erhaltene Reichtum wird erkannt und kann zutiefst erfasst werden. Er bekräftigt und harmonisiert Bestrebungen und Überzeugungen, die, wenn auch nicht gerade verschwommen, so doch zumindest ungenügend erklärt waren. Ihr tiefer Gehalt sammelt die noch verstreuten Elemente. Er bringt die theresianische Lehre in eine lebendige, klare und einfache Form: in

---

104 Spr 9,4.
105 Jes 66,13–22.
106 TvKJ, *Selbstbiographische Schriften*, S. 214f.
107 Mt 18,1–4.

jene des kleinen Kindes als vollkommenes Modell, das man nachahmen und verwirklichen soll.

In Therese findet die Gnade außerordentlich günstige natürliche Voraussetzungen. Hat eine Gnadengabe jemals die menschliche Natur harmonischer vervollkommnet? Therese ist immer die Kleine: sie war es in der Familie, in der sie als das letzte von neun Kindern unter der liebenden Fürsorge ihrer Schwestern gelebt hat. Sie war es im Karmel, wo zwei ihrer Schwestern vor ihr eingetreten waren, wo sie selbst mit nur 15 Jahren eintrat und in dem sie schon mit 24 Jahren starb. Sie hat das Noviziat nie verlassen, sondern blieb dort als »Noviziatsälteste«. Deshalb konnte sie die kanonische Volljährigkeit nicht erlangen, welche – auf Grund der Profess – die Ausübung von gewissen Rechten im Orden erlaubt. Wegen der familiären Situation und bedingt durch das soziale Umfeld ist sie immer die »Kleine Therese« geblieben. Das ist sie auf übernatürliche Weise noch im Himmel.[108] Dank ihrer Gnade hat sie mit strenger und absoluter Logik das Modell verwirklicht, das Jesus seinen vertrautesten Jüngern vorgestellt hatte.

Therese fällt es leicht, die äußeren Haltungen eines Kindes nachzuahmen, seine liebevollen und charmanten Gesten, sogar seine Sprechweise. Lassen wir uns aber durch all diese äußeren Formen nicht täuschen. Sie sind keine wesentlichen Elemente des Kindseins und könnten leicht eine Entstellung begünstigen. Das Kindsein, das Therese anstrebt und als Modell vorstellt, ist nicht das schwache Wesen, das durch seinen gewinnenden Charme seine Wünsche und Launen der Umgebung aufzwingt. Sie beschreibt vielmehr das, was sie sich darunter vorstellt: *Ein*

---

108 Vgl. CÉLINE MARTIN, *Meine Schwester Therese*; S. 60.

kleines Kind sein besteht darin, dass man sein Nichts anerkennt, alles vom lieben Gott erwartet, so wie ein kleines Kind alles von einem Vater erwartet; dass man sich um nichts Sorgen macht, kein Vermögen erwirbt... Klein sein heißt auch: die Tugenden, die man übt, sich nicht selber zuschreiben, sich nicht selber zu irgend etwas fähig halten. Es heißt anerkennen, dass der liebe Gott diesen Schatz in die Hand seines kleinen Kindes legt, damit es ihn benützt, wenn es ihn braucht; aber der Schatz gehört immer dem lieben Gott.[109]

Therese zeigt in dieser bedeuteten Ausführung die grundlegende Haltung der geistlichen Kindschaft auf. Alle Anweisungen und verschiedene Äußerungen des übernatürlichen Lebens fußen auf der ganz vom Vertrauen getragenen Armut. Eifersüchtig gilt es darüber zu wachen, sich keine falschen Güter, selbst nicht einmal Tugenden, anzueignen. Die geistliche Kindschaft setzt zunächst den kindlichen Instinkt der heiligmachenden Gnade frei; das Kind – mit der göttlichen Dreifaltigkeit eins geworden – erträgt es nicht mehr, von seinem Vater, dem guten Gott, getrennt zu sein. Wenn ihm eine Schwierigkeit begegnet, wenn ihm eine größere Aufgabe anvertraut wird, wirft es sich instinktiv in die Arme des lieben Gottes und *versteckt sein Gesicht in seinem Haar*.[110] In seinem Beten schaut es Gott ganz aus der Nähe an und bemüht sich, ihn durch die in der Heiligen Schrift von ihm berichteten Taten und Worte besser kennen zu lernen.[111]

---

109 TM, *Ich gehe ins Leben ein, Letzte Gespräche der Heiligen von Lisieux*; S. 152.
110 TvKJ, *Selbstbiographische Schriften*; S. 249.
111 Vgl. *PSH II*; S. 256; *PSH I*, S. 258; vgl. CÉLINE MARTIN, *Meine Schwester Therese*; S. 93.

Die kindliche Suche nach Gott unterwirft sich den Gesetzen der übernatürlichen Ordnung, weil sie von der Gnade geleitet ist und nicht von einem naturhaften Verlangen nach Liebkosungen. Sie unterwirft sich diesen übernatürlichen Vorgaben, die unsere Beziehungen zu Gott regeln. Die kindliche Suche stützt sich auf die Sicherheiten im Glauben, um in ihrer Suche durchzuhalten. Aber sie nimmt voll Liebe den Schleier der Dunkelheit an, den der Glaube jetzt hier auf Erden über die von ihm offenbarten übernatürlichen Wirklichkeiten breitet. Doch Therese will Gott nicht wecken in dieser Stille der Nacht, die einem Schlummer und manchmal der Unbeweglichkeit des Todes gleicht. Weil sie ausschließlich nach der Wahrheit verlangt, will sie keine falschen Darstellungen vom Ewigen Leben; sie begehrt nicht einmal übernatürlichen Kundgebungen.[112] Die übernatürliche Einfachheit und Reinheit ihrer kindlichen Haltung und ihr beständig über alle Wolken und über alle Bilder hinaus auf Gott gerichteter Blick machen aus diesem Kind einen wahrhaft kontemplativen Menschen, der die Tiefen Gottes durchdringt und erkennt.

Johannes vom Kreuz unterstreicht, dass die Seele durch die Reinheit ihres Blickes Gott fesselt und, so fügt er hinzu, durch den *Anblick eines Haares, welches das Haar der*

---

[112] TM, *Ich gehe ins Leben ein, Letzte Gespräche der Heiligen von Lisieux*, S. 146: *Alle diese Bilder nützen mir nicht, ich kann mich nur von der Wahrheit nähren. Deshalb habe ich nie nach Visionen verlangt* (P. DESCOUVEMENT, *Une novice de Sainte Thérèse*, I, p. 303). – TM, *Ich gehe ins Leben ein, Letzte Gespräche der Heiligen von Lisieux*, S. 57: »Wie ihr wisst, besteht mein ›kleiner Weg‹ gerade darin, dass man nicht begehrt, etwas zu sehen. Ihr wisst sehr wohl, was ich dem lieben Gott, den Engeln und den Heiligen so oft gesagt habe: dass ich kein Verlangen trage, sie hienieden zu sehen« (P. DESCOUVEMENT, *Une novice de Sainte Thérèse*, I, p. 218, wo *Gedichte der heiligen Theresia von Lisieux*, S. 93 zitiert wird).

Liebe[113] ist, die Tugenden fest untereinander verbindet. Therese hat den ersten Wesenszug verwirklicht und verdeutlicht den zweiten in einem Brief an Leonie. Darin wendet sie ihn auf die Tätigkeit der Liebe und ihren Weg der Kindschaft an. Sie schreibt: *Verstehen wir es also, ihn als Gefangenen festzuhalten, diesen Gott, der um unsere Liebe bettelt. Wenn er uns sagt, ein Haar könne dieses Wunder bewirken, zeigt er uns, dass es die kleinsten, aus Liebe getanen Handlungen sind, die sein Herz gewinnen … Ah! wenn es darauf ankäme, große Dinge zu vollbringen, wie sehr wären wir zu bedauern? … Aber wie glücklich sind wir, weil Jesus sich durch die kleinsten Dinge fesseln lässt …*[114]

Die Liebe darf sich also nicht nur auf bloßes Schauen beschränken, sie muss Taten vollbringen. Die Aktivität der Liebe wird bei Therese eine Aktivität des Kindes bleiben, die ihre Vollkommenheit in einer starken und zarten Liebe sucht, fein und stark wie ein Haar. Sie belebt und einigt dadurch alle Handlungen. Im Bewusstsein ihrer Schwäche wendet sich Therese keiner außergewöhnlichen Askese zu. Letztere hätte den Anschein von Stärke oder Heroismus. Das kleine Eisenkreuz, das sie krank machte, ermöglichte ihr eine endgültige Einsicht, die genau das erfasst, was sie innerlich fühlte.

Soll sie auf Grund ihrer Kleinheit alle Anstrengungen von sich weisen? Ganz gewiss nicht. Alles, was Gott ihr durch die Ordensregel, durch Ereignisse und durch die täglichen Pflichten auferlegt, ist Beweis und Botschaft seiner Liebe. In ihrer Schwäche darf sie nicht davor zurückschrecken, selbst

---

113 Vgl. JvK, *Der Geistliche Gesang*, S. 161ff.
114 TvKJ, *Briefe*, S. 292 an Leonie.

dann nicht, wenn die Aufgabe die menschlichen Kräfte übersteigt. Gott gibt immer Gnade und Kraft für das, was er verlangt. Und mit welch wacher Aufmerksamkeit achtet sie auf alle, selbst die kleinsten göttlichen Wünsche! Mit welch gewissenhafter Treue, mit welcher, von Liebe durchdrungenen Sorge um Vollkommenheit bis ins Detail, erfüllt sie die großen und die kleinen Pflichten des täglichen Lebens! Alles tut sie, um Gott in jedem Augenblick ihre Liebe auszudrücken! Sie sagt zu Jesus: *Ich habe kein anderes Mittel, dir meine Liebe zu beweisen, als Blumen zu streuen, das heißt, ich will mir kein einziges kleines Opfer entgehen lassen, keinen Blick, kein Wort, will die geringfügigsten Handlungen benutzen und sie aus Liebe tun ... Aus Liebe will ich leiden und aus Liebe sogar mich freuen, so werde ich Blumen vor deinen Thron streuen; nicht eine will ich antreffen, ohne sie für dich zu entblättern ...*[115]

Das ist heldenhaftes, von Liebe durchdrungenes Kleinsein! Gott unterlässt es nicht, die tägliche »Nahrung« zu liefern, die ihren Kräften angepasst und für ihre Entwicklung notwendig ist. Da sind es die kleinen Nadelstiche zu Beginn des Ordenslebens bis hin zu schmerzhaften Läuterungen und zu den letzten Prüfungen, welche hin zur Vollendung führen. Leiden und Prüfungen verbirgt Therese unter einem Lächeln. Ist das Lächeln nicht im wahrsten Sinne des Wortes der Schmuck im Gesicht eines Kindes? Sie schreibt: *Singen werde ich, auch wenn ich meine Blumen mitten aus Dornen pflücken muss, und mein Gesang wird um so wohlklingender sein, je länger und spitzer die Dornen sind.*[116]

Ihre Leiden zu verbergen, um andere damit nicht zu

---

115 TvKJ, *Selbstbiographische Schriften*, S. 203.
116 TvKJ, *Selbstbiographische Schriften*, S. 203.

belasten, ist ein Akt zarter Liebe. Therese liebt diese Tugend, Leiden zu verbergen, ganz besonders, *weil man den lieben Gott in dem Maße liebt, als man sie praktiziert.*[117] Auch das ist die Tugend Gottes, der ja selbst die Liebe ist. Diese Haltung übt sie mit besonderer Sorgfalt darin und empfiehlt sie noch auf den letzten Seiten, die sie geschrieben hat.[118]

Das ist die praktische Unterweisung von Therese: Botschaft eines Kindes, *eines armen, kleinen Nichts, mehr nicht*[119]. Sie sagt uns: Gott ist Liebe. Er will die Flammen seiner Liebe in unseren Seelen entzünden. Durch seine Liebe können wir umgewandelt und verzehrt werden, wenn wir uns *demütig und klein machen in den Armen Gottes im Bewusstsein unserer Schwäche und vertrauend bis zur Kühnheit auf seine Vatergüte.*[120]

Grundlegende Wahrheiten spiritueller Theologie

Wie wir festgestellt haben, hat Therese keine Abhandlung über Spiritualität geschrieben und auch kein System entwickelt, das auf spekulativen Grundsätzen aufgebaut ist. Was sie lebt und mit großer Sicherheit lehrt, setzt Wahrheiten aus der spiritueller Theologie voraus und bekräftigt sie. Sie erklärt diese zwar nicht ganz klar, dennoch sind sie deutlich zu erkennen. Wie diese Wahrheiten auch formuliert sein mögen und was für einen überraschenden

---

117 Von Mutter Agnes von Jesus zitiert in *PSH II*; S. 170.
118 Vgl. TvKJ, *Selbstbiographische Schriften*, Manuskript C, 2. Teil.
119 TvKJ, *Selbstbiographische Schriften*; S. 213.
120 Vgl. TM, *Ich gehe ins Leben ein, Letzte Gespräche der Heiligen von Lisieux*; S. 141.

Klang sie haben, erscheinen sie doch beinahe als kühne Neuheiten. Eine aufmerksame Untersuchung zeigt rasch, dass die Neuheit in einer Rückkehr zur reinen und unverkürzten Wahrheit besteht. Sie ist die vollkommene Umsetzung und eine sehr klare, weil einfache Veranschaulichung theologischer Definitionen.[121] Wieder einmal triumphiert die Einfachheit; oder besser gesagt: sie gibt

---

[121] Wie ist es zu erklären, dass uns diese Unterweisung überrascht und neu erscheint, obwohl sie doch ganz einfach und sehr klar ist? Kommt es nicht daher, dass unsere geistliche Theologie nicht gewohnt ist, sich direkt der Eingebung durch Gott und seinen Sohn Christus – die beiden großen Mittelpunkte – zu stellen? Christus müsste sie ununterbrochen »erleuchten«. Und kommt es nicht daher, dass sich die geistliche Theologie zu oft damit zufrieden gibt, für den gewöhnlichen Gebrauch die eigentlichen Werte, die uns von den großen Meistern hinterlassen sind, zu versachlichen? Sicher fehlen die Motive nicht, die uns entschuldigen: die Gotteserfahrung ist ein unverdientes Geschenk, und welcher Grad es auch sei, zu dem wir persönlich gelangt sind, wir haben die Pflicht zu unterrichten, zu führen, alles den Bedürfnissen unserer Zeit und jeder Seele im besonderen anzupassen. Wie soll man diese Pflicht erfüllen, ohne die Unterweisung der Meister auszulegen? Geben wir wenigstens zu, dass die Verteilung dieser winzigen Gaben, die mit solcher Freigebigkeit und mitunter in solcher Fülle geschieht, schwer und lästig bleibt, auch wenn sie nicht falsch ist, und dass sie die Gefahr birgt, den Marsch zum Absoluten zu behindern und zu beschweren, dessen wohltuende Wegzehrung sie sein sollte … Therese vom Kinde Jesus schrieb an einen ihrer geistlichen Brüder: *Manchmal, wenn ich gewisse geistliche Abhandlungen lese, in denen die Vollkommenheit durch tausenderlei Erschwerungen hindurch und von einer Menge Illusionen umgeben beschrieben wird, ermüdet mein armer kleiner Geist gar schnell. Ich schließe das gelehrte Buch, das mir Kopfschmerzen macht und das Herz austrocknet, und greife zur Heiligen Schrift. Dann erscheint mir alles voll Licht. Ein einziges Wort erschließt meiner Seele unendliche Horizonte, die Vollkommenheit erscheint mir leicht, ich sehe, dass es genügt, sein Nichts zu erkennen und sich wie ein Kind Gott in die Arme zu werfen* (TM, *Briefe*; S. 347 an P. Roulland). – Vielleicht ist das eine strenge Einstufung von Abhandlungen, die mit Wissenschaft und Liebe niedergeschrieben wurden; sie enthüllt uns jedoch, wie die nach Gott dürstenden Seelen und jene, die ihn schon gefunden haben, einfache und tiefe Darlegungen notwendiger haben als verschwommene Erklärungen und glänzende Überlegungen.

ihre Werte dem Theologen optimal zu erkennen. Versuchen wir das klar zu erkennen.

Schauen auf Gott

Jedes geistliche Leben muss seine Grundlage und seine beständige Wegzehrung im einfachen Schauen auf Gott suchen. Dieses Schauen ist der einfache Blick, der Vollkommenheit bedeutet.

Die hier ausgesprochene Wahrheit ist leichter zu entwickeln als klar zu definieren. Sie zeigt die Bedeutung von Therese als Vorbild und auch den Anspruch ihrer Lehre.

Als Tochter der Eremiten, die im Gebirge wohnten, hat die Kleine Heilige alles geopfert, um Gott zu finden. Nachdem sie ihn in hoher Kontemplation gefunden hat, erwächst für sie alles weitere aus diesem Schauen. So lädt sie auch uns ein, ihren Kleinen Weg zu beschreiten, ihre Haltung zu verwirklichen, freilich ohne alle ihre Gesten nachzuahmen. Wir müssen ihr nicht in ihre karmelitanische Wüste folgen. Wie aber könnte man sich als ihren Jünger bezeichnen, wenn man seinem geistlichen Leben nicht die gleiche Grundlage und Nahrung geben würde wie sie? Wenn man seinen Blick nicht ständig auf Gott richten wollte? Anders handeln hieße, einen Fehler in bezug auf das grundsätzliche Anliegen Thereses zu begehen, ein Irrtum, der später nicht wieder gutgemacht werden könnte.

Es ist ein Gesetz der menschlichen Natur, dass wir nur in dem Maß lieben können, als wir erkennen. Dieses Gesetz gilt in vollem Umfang und uneingeschränkt auch für den Glauben. Für dessen Entfaltung braucht der Mensch genaue Erkenntnis, die der Verstand dem Glauben als notwendige Grundlage für seine Entwicklung liefert. Wenn Gott sich der Vernunft unterstellt und durch die Gaben des Heiligen Geistes selbst die Erkenntnis sichert, gewinnt die Liebe die Oberhand. Sie kann mit den göttlichen Quellen, die sie speisen, nur durch den Kontakt des Glaubens, nur durch einen Blick, in Verbindung bleiben. Durch diesen Blick des Glaubens, auf dieser Stufe nötiger denn je, vollzieht sich dann die Umwandlung der Seele von Klarheit zu Klarheit bis zur Ähnlichkeit mit Christus.[122] Dieser Blick des Glaubens ist es auch, der im Inneren der Seele die Quelle des lebendigen Wassers entspringen lässt.[123]

Wir fassen zusammen und betonen: Die Erkenntnis und die Gegenwart Gottes, die auf dem Höhepunkt des geistlichen Lebens aus der Liebe hervorgeht, muss in allen Entwicklungsstufen gesucht und gepflegt werden. Das ewige Leben, sowohl jenes, über das wir uns im Himmel freuen werden, als auch jenes, das wir schon im irdischen Dasein durch unser geistliches Leben beginnen, besteht wesentlich in der Erkenntnis Gottes und der Erkenntnis dessen, den er gesandt hat, Jesus Christus.[124] Diese theoretisch als richtig erkannten Wahrheiten werden häufig entstellt und gemindert, selbst durch großmütige Menschen. Notwendigkeit und Wert des Handelns werden oft übermäßig betont, da es so viele und dringende Aufgaben, aber nur so wenige Helfer gibt. Schließlich sind wir hauptsächlich damit beschäftigt, unsere Methoden jeden Tag noch angepasster und technisch noch perfekter zu gestalten. Wir spüren natürlich auch das Bedürfnis zu beten und das Verlangen nach der Vereinigung mit Gott. Aber wozu sich Übungen des kontemplativen

---

122 Vgl. 2 Kor 3,18.
123 Vgl. Joh 4,14.
124 Vgl. Joh 17,3.

Lebens widmen? Sie würden die für das Apostolat bereits ungenügende Zeit auch noch beanspruchen! Hieße das nicht, den Sinn für die Notwendigkeiten des alltäglichen Lebens verlieren und uns so in einem geistlichen Egoismus einschließen? Wir leben nicht mehr in einer so stark vom Glauben geprägten Zeit, dass schon der Anblick eines gesammelten Mönches genügte, um abgestumpfte Menschen aufzuwecken und zu bekehren. Wer apostolisch wirken will, muss sich nach den Massen richten, die erreicht werden sollen. Er muss sich auf den Lärm und in die ganze Technik der modernen Welt einlassen. So stellen wir uns das vor! Um unserer Werke willen vernachlässigen wir Gott. Das rechtfertigen wir durch die Unterscheidung von tätigem und kontemplativen Leben. Wir unterscheiden zwischen den Pflichten des kontemplativen Lebens, das das Recht, wenn nicht gar die Pflicht zu einer gewissen Vernachlässigung der Werke mit sich bringt und den Pflichten des tätigen Lebens, das das unsere ist. Es darf nicht vergessen werden, dass Jesus 30 Jahre lang in Nazaret verbracht hat und nur drei Jahre seinem öffentlichen Wirken widmete. Und in welcher Abgeschiedenheit hat Therese gelebt, um ihr machtvolles Apostolat auszuüben. Leider überwinden diese Beispiele nicht immer unsere hartnäckigen Vorurteile gegen das intensive Bemühen um ein Leben in der Gegenwart Gottes (im Alltag). Das aber müssen wir mit unserer Apostolatstätigkeit verbinden, nur darum geht es. Wir erinnern uns noch genau an gewisse Gebetstechniken, die uns unwirksam und langweilig erschienen. Sie waren zu kompliziert und unserem Geist wenig angepasst. Mit gewissen Traktaten über Kontemplation, die bei uns den Eindruck von einer gefährlichen Kunst für Spezialisten hinterlassen, werden wir nicht kontemplativ. Wir dürfen erst recht nicht meinen, es schon zu sein.

Um unser Beten vertiefen zu können, lesen wir einfach, *wie Therese ihr Beten beschreibt: Ich sehe mich selbst nur als einen schwachen, kleinen Vogel, der bloß mit leichtem Flaum bedeckt ist; ich bin kein Adler; von ihm habe ich nur die Augen und das Herz, denn trotz meiner äußersten Kleinheit wage ich es, das Auge unverwandt auf die Göttliche Sonne, die Liebessonne zu richten, und mein Herz fühlt in sich all das Sehnen des Adlers … Der kleine Vogel möchte dieser strahlenden Sonne, die sein Auge entzückt, entgegenfliegen; er möchte es den Adlern, seinen Brüdern, gleichtun, die sich aufschwingen vor seinem Blick bis zum Göttlichen Herd der Heiligen Dreifaltigkeit … Ach! alles, was er vermag, ist, seine kleinen Flügel zu heben, aber aufzufliegen, das steht nicht in seiner kleinen Macht! … Muss er vor Gram sterben, weil er so machtlos ist? … O nein! der kleine Vogel betrübt sich nicht einmal. In einem verwegenen Sichüberlassen will er im Anblick seiner göttlichen Sonne verharren; nichts kann ihn erschrecken, weder Wind noch Regen, und wenn düstere Wolken ihm das Liebesgestirn verbergen, so rührt sich der kleine Vogel nicht von der Stelle. Er weiß ja, dass über den Wolken seine Sonne stets leuchtet … Jesus, bis hierher begreife ich deine Liebe zu dem kleinen Vogel, da er sich nicht von dir entfernt … aber ich weiß, und du weißt es auch, oft bleibt zwar das unvollkommene kleine Geschöpf auf seinem Platz (das heißt unter den Sonnenstrahlen), aber es lässt sich von seiner einzigen Beschäftigung ein wenig ablenken; es pickt ein Körnchen zur Rechten und eines zur Linken, läuft einem kleinen Wurm nach … trifft dann eine kleine Wasserpfütze und netzt sein kaum entwickeltes Gefieder, sieht eine Blume, die ihm gefällt, und schon beschäftigt sich sein kleiner Geist mit dieser Blume*

... kurz, da es nicht wie die Adler in den Lüften schweben kann, beschäftigt sich das arme Vögelchen mit den Belanglosigkeiten der Erde.

Doch statt nach all seinen Missetaten sich in eine Ecke zu verkriechen, um sein Elend zu beweinen und vor Reue zu sterben, wendet sich der kleine Vogel seiner Viel-Geliebten Sonne zu, setzt seine durchnässten Flügelchen ihren wohltuenden Strahlen aus, seufzt wie die Schwalbe, und in seinem leisen Lied gesteht er, erzählt er seine Treulosigkeiten bis ins einzelne; in der Verwegenheit seiner Hingabe glaubt er, auf diese Weise mehr Macht über Den zu gewinnen, restloser die Liebe Dessen auf sich zu lenken, der nicht gekommen ist, die Gerechten zu rufen, sondern die Sünder ...

Wenn das Angebetete Gestirn für das klagende Gezwitscher seines kleinen Geschöpfes taub bleibt ..., nun, dann bleibt das kleine Geschöpf durchnässt; es willigt ein, vor Kälte ganz starr zu sein, und freut sich sogar dieses Leidens, das es ja auch verdient hat ...

O Jesus, wie glücklich ist doch dein kleiner Vogel, schwach und klein zu sein, was würde aus ihm werden, wenn er groß wäre? ... Niemals hätte er den Mut, sich deiner Gegenwart zu stellen, vor dir zu schlummern ... Denn auch das ist noch eine Schwäche des kleinen Vogels. Wenn er den Blick auf die Göttliche Sonne gerichtet halten will, und die Wolken ihn daran hindern, auch nur einen einzigen Strahl zu sehen, dann fallen ihm unwillkürlich die kleinen Augen zu, sein kleiner Kopf versteckt sich unter dem kleinen Flügel, und das arme kleine Wesen schläft ein und glaubt dabei, seinen Blick noch immer auf sein Geliebtes Gestirn gerichtet zu halten. Beim Wiedererwachen betrübt er sich nicht, sein kleines Herz bleibt im Frieden, er beginnt sein Amt der Liebe von neuem. Er ruft die Engel und Heiligen an, die sich wie Adler zum verzehrenden Feuerherd emporschwingen, wonach er sich sehnt, und die Adler haben Mitleid mit ihrem kleinen Bruder, beschützen, verteidigen ihn und schlagen die Geier in die Flucht, die ihn zerreißen möchten ...[125]

»Das ist ein graziöses Sich-Gehen-Lassen von einem Mädchen, das Kind spielt, um seine intellektuelle Armut zu vertuschen« könnten manche versucht sein zu sagen. Doch Therese von Lisieux ist eine anerkannte Heilige. Die Hypothese einer Spielerei ist deshalb unangebracht. Andere werden hier – vielleicht mit mehr Recht – vor allem die Großherzigkeit Thereses sehen, die mit einer fast ängstlichen Sorge bei den kleinen Mitteln Zuflucht sucht. Die Große Teresa, Teresa von Avila, rät dies den Anfängerinnen, um sie in ihrer Gebetsarmut zu unterstützen. Man darf die Aktivität der Kleinen Therese während des inneren Betens auf keinen Fall leugnen, auch nicht ihr Bemühen, ihren Fähigkeiten etwas Ruhe zu verschaffen und ihnen während der drückenden Trockenheit ein wenig Luft und Licht zu sichern. Aber diese Aktivität darf uns das Wesentliche nicht verdecken.

Um das Wesentliche zu finden, lesen wir noch einmal aufmerksam die vorausgehende, anschauliche Beschreibung. Zunächst schien durch sie unsere Vorstellung vom Beten Thereses getrübt. Wir waren überrascht von der Aktivität, mit der sie Abhilfe schafft. Doch entdecken wir jetzt die Tiefe

---

[125] TvKJ, *Selbstbiographische Schriften*; S. 204ff. Die Einteilung der Abschnitte folgt der Ausgabe der *Lettres* (Briefe) von A. COMBES vom September 1948; p. 335ff. Dieser Text wurde so im Vortrag vom Juli 1947 zitiert; stammte er vielleicht von einer Abschrift, die direkt aus dem Karmel von Lisieux kam? Das war ohne Zweifel zum erstenmal, dass man diesen Text *in extenso* und seinen ersten Kommentar hörte (woraus sich die Länge des Zitats erklärt).

ihres verinnerlichten Betens: es reift durch ihre einfache und lebendige innere Haltung und durch die beständige Orientierung auf Gott hin. Diese Haltung und diese Orientierung werden von einem in die Tiefe dringenden, liebenden Schauen bestärkt. Ihr Blick ist unablässig auf die göttliche Sonne gerichtet, die Therese fasziniert. Die Auffälligkeiten, die unser Interesse wecken, sind sicher wichtig, aber doch zweitrangig. Das innere Beten wird vom Schauen bestimmt. Das ist sein wesentliches Element. Tatsächlich gibt es da ein Spiel, das Spiel dieses Blickes. Es macht sich alles zunutze, um seine Beständigkeit zu beweisen und die Liebe auszudrücken: Stärke und Schwäche, Trockenheit und Tröstungen, Zerstreuungen und Schlaf. Spiel der Liebe vom Göttlichen zum Menschlichen und wieder zurück zu seiner Quelle; Spiel des lebendigen Glaubens in der Armut und der Fügsamkeit eines Kindes, das inmitten seiner menschlichen Unruhen und Schwächen auf sein göttliches Gegenüber ausgerichtet bleibt.

Therese sagt selbst, dass es die Liebe ist, die diesen Blick fesselt. Sicher ist es ebenfalls die Liebe, die ihn bis zu diesem Punkt vereinfacht hat. Wir können mit großer Überraschung feststellen, dass dieses so beschriebene Schauen genau der Definition von Kontemplation nach Thomas von Aquin (vervollständigt durch seine Kommentatoren in Salamanka) entspricht: *Simplex intuitus veritatis sub influxu amoris – ein einfaches Schauen auf die Wahrheit unter dem Einfluss der Liebe.*[126] Die Definition gibt als wesentliches Element der Kontemplation das einfache Schauen an. Demzufolge scheint all das, was bisher unter Kontemplation

---

126 Vgl. THOMAS von AQUIN, *Summa theologica*, IIa–IIae, q. 180, a. 3, ad a. (s. auch PME, *Ich will Gott schauen*, S. 497).

verstanden wurde und man für wesentliche Elemente hielt wie Erleuchtungen, starke Empfindungen, ja sogar Entzückungen und Ekstasen, nicht mehr zu sein als schmückende Beigabe. Die Kontemplation muss diesen Ballast abwerfen, um wesentlicher und vollkommener sie selbst zu werden und dadurch auch reiner und höher. So ist also das anpassungsfähige und graziöse »Spiel« mit Gott, dem wir kaum den Namen eines Gebetes zu geben wagten, echte, qualitativ hohe Kontemplation, weil sie die klassische Definition vollkommen verwirklicht. Thereses kindlicher Blick ist ein Blick hoher Kontemplation. Suchen wir nicht anderswo eine gelungenere und lebendigere Darstellung von der Wahrheit über die Kontemplation als in dem von Therese beschriebenen Schauen. Ihre Einfachheit führt uns dahin!

Wieviel Licht und welche Ermutigung steckt für uns in dieser Sicht und in dieser Feststellung! Ja, im inneren Beten Thereses finden wir etwas von unserem Beten wieder. Auch unser Gebet ist armselig, der Unruhe unserer Veranlagungen unterworfen, getrübt durch Zerstreuungen und Leidenschaften, gelähmt durch Schwäche, Trockenheiten, vielleicht auch durch den Schlaf. Diese Schwächen lassen uns an einen Misserfolg glauben. Doch dem ist nicht so. Was fehlt dann unserem Beten, damit es vollständig dem Beten Thereses gleicht und wirklich kontemplativ ist? Untersuchen wir es einen Augenblick mit der uns vertrauten kontemplativen Einsicht. Dabei entdecken wir zweifellos, was wir brauchen, um der kleinen Heiligen vollkommen nachzufolgen: Demut, die durch nichts entmutigt wird, Ausdauer im Schauen, die in allem das göttliche Gegenüber wiederfinden will, und Einfachheit und Reinheit eines Kindes.

Setzen wir unsere Untersuchung fort! Die Einfachheit birgt noch weit mehr.

Mystisches Leben

Jedes tief geistliche Leben ist mystisches Leben.

Das ist die zweite durch Therese bekräftigte Wahrheit. Der theresianischen Spiritualität liegen zwei Leitgedanken zu Grunde: das Unvermögen des Menschen und das Verlangen der göttlichen Liebe, sich mitzuteilen. Therese anerkennt die Notwendigkeit des persönlichen Tuns, zwar nicht in dem Sinn, dass es aus sich selbst etwas bewirken könnte, sondern als Beweis von gutem Willen und Liebe. Vorrangig bleiben Vertrauen und Hingabe. Beide Haltungen fordern das Sich-Verströmen der göttlichen Liebe heraus. Sich wie ein kleines Kind hinzugeben, ist schon vom Beginn des geistlichen Lebens an das einzig Wichtige. Davon hängt alles ab. In einem anmutigen Vergleich erklärt Therese, welchen Anteil in dieser Aufwärtsbewegung Gott und welchen Anteil die Seele hat: *Um seine Mama wiederzufinden will das Kind unbedingt die Treppe hinaufsteigen. Dazu hebt es seinen kleinen Fuß, um die erste Stufe zu erreichen. Vergebliche Mühe! Es fällt immer wieder zurück und schafft es einfach nicht. Nun gut! Seien Sie dieses kleine Kind! Durch die Übungen aller Tugenden heben Sie immer wieder ihren kleinen Fuß, um die Treppe der Heiligkeit hinaufzusteigen. Doch bilden Sie sich nicht ein, auch nur die erste Stufe erreichen zu können! Aber der liebe Gott verlangt von Ihnen ja nur den guten Willen! Von der obersten Stufe der Treppe aus betrachtet er Sie mit Liebe. Bald wird er, – von Ihren vergeblichen Bemühungen besiegt, – herabsteigen, Sie in die Arme nehmen und emportragen in sein Reich – für immer. Dort werden Sie ihn nie mehr verlassen.*[127]

---

[127] Vgl. P. DESCOUVEMENT, *Une novice de Sainte Thérèse*; p. 110 etc.

Therese hat die Erfahrung gemacht: ihre Anstrengungen blieben vergebens bis der »göttliche Aufzug«, die Arme Jesu, sie aufhob und in die Seelenhaltung versetzte, die sie ersehnt hatte. Sie ist überzeugt davon, dass sie aus eigenem Bemühen nichts erreicht hätte. Auch als man ihr am Ende ihres Lebens sagt: »Wahrhaftig, Sie sind eine Heilige!«, antwortet sie mit Überzeugung: *Nein, ich bin keine Heilige; ich habe nie die Taten der Heiligen vollbracht. Ich bin eine ganz kleine Seele, die der liebe Gott mit Gnaden überhäuft hat ... Was ich sage, ist die Wahrheit. Im Himmel werden Sie es sehen.*[128]

Im mystischen Leben herrscht das unmittelbare Handeln Gottes vor. Darum bilden für Therese geistliches Leben und mystisches Leben eine Einheit. Sie versteht das geistliche Leben als ausschließlich von der göttlichen Liebe geführt und bewirkt. Hier weist uns Therese in aller Einfachheit auf die Unterweisung durch das Evangelium hin. Nach dem Letzten Abendmahl enthüllt Jesus den Aposteln das verborgene Geheimnis seines Einsseins mit ihnen: *Ich bin der Weinstock, ihr seid die Rebzweige.*[129] Und er erläutert, dass wir ein Teil Christi sind und von der Vereinigung mit ihm leben. Der vom Weinstock getrennte Rebzweig ist nichts anderes als ein trockenes Rebholz. Wenn wir von Christus getrennt sind, verlieren wir unser Gnadenleben. Diesem Gesetz der Existenz entspricht auch das Gesetz des übernatürlichen Handelns: ohne Christus können wir nichts tun, aber in ihm und durch ihn bringen wir viele Frucht. Aus dieser Zugehörigkeit zu Christus, aus diesem Sein in Christus zieht Paulus konsequent seine Schlussfolgerungen: *Niemand kann sagen,*

---

128 Vgl. *PSH I*; S. 299; s. auch TM, *Ich gehe ins Leben ein, Letzte Gespräche der Heiligen von Lisieux*; S. 157.
129 Joh 15,5.

Jesus ist der Herr, außer im Heiligen Geist.[130] *Gott ist es, der in euch das Wollen und das Vollbringen bewirkt.*[131] Und schließlich vom praktischen Standpunkt aus gesehen und auf den geistlichen Weg bezogen: *Es kommt also nicht auf das Wollen oder das Laufen an; alles hängt ab vom göttlichem Erbarmen.*[132]

Diese Aussagen von Jesus, von Paulus und von Therese bieten für das geistliche Leben die je gleiche Erkenntnis: Im übernatürlichen Leben ist das göttliche Handeln souverän und allein wirksam. Daraus ergeben sich alle Arten praktischer Konsequenzen.

Die dargelegten Glaubenswahrheiten überraschen. Im Verständnis vieler Menschen sind diese verschwommen und in ihrem Wert herabgesetzt. Man hat Tendenzen großer Betriebsamkeit im geistlichen Leben gepflegt, doch äußerte sich darin nur verborgener Stolz. Ebenso schürte man eine Angst vor quietistischer Haltung, die vor lauter Übertreibung krankhaft macht. Beide Tendenzen haben den Wert der persönlichen Anstrengung hervorgehoben und haben eine übermäßige Betonung von einseitiger Askese ausgelöst. Man ließ die Menschen in Unwissenheit über das Verhältnis zwischen göttlichem und menschlichem Wirken im geistlichen Leben. Über den Vorrang des göttlichen Wirkens sprach man nicht. Das göttliche Wirken macht aus der Aktivität der Seele eine einfache Mitarbeit. Die unmittelbaren Eingriffe Gottes wurden systematisch in die höchsten Regionen des geistlichen Lebens verbannt.

---

130 1 Kor 12,3.
131 Phil 2,13.
132 Röm 9,16. Therese stützt sich am Anfang in den *Selbstbiographischen Schriften*, S. 4 auf dieses Zitat von Paulus, als sie von dem Geheimnis der Vorrechte Jesu über ihre Seele spricht.

Man stellte sie als außergewöhnliche und im allgemeinen verdächtige Phänomene dar. Schon der bescheidenste dieser Eingriffe, wie etwa inneres Beten, genügte, um die Menschen in Schrecken zu versetzen, oder – was noch gefährlicher ist – eine naive und insgeheim stolze Bewunderung hervorzurufen. Das galt sowohl für den Menschen guten Willens, der davon betroffen war, wie auch für den, der beauftragt war, ihn aufzuklären und zu führen.

Die praktische Verkennung des geistlichen Problems hatte noch schwerwiegendere, allgemeinere Konsequenzen. Man ließ die Menschen in Unwissenheit über das Verlangen der göttlichen Liebe und über ihre Bedeutung für unsere Heiligung. So wurde den Menschen das Wissen vorenthalten, wie nötig Glauben und Hoffen sind. Sie ermöglichen Gott, seine Gnade zu verströmen und uns, Nutzen daraus zu ziehen.

Mit den großen Zielen, nahm man den Menschen auch die Möglichkeit zu mutigem Verzicht und Einsatz. Sie verloren die innere Bereitschaft, tugendhaft zu leben. Die Askese der Liebe von Therese ist aktiver als viele Arten der Askese zur Erlangung von Tugenden. Man hat durch falsch verstandene Askese die normale Entfaltung des göttlichen Wirkens in den Seelen verhindert und die geistliche Entwicklung ihres Lebens aufgehalten.

Therese zeigt uns die Wahrheit über das Verlangen Gottes und über sein dominierendes Wirken auf unserm Weg zu ihm. So rechtfertigt sie die großen Sehnsüchte und öffnet alle weiten Horizonte der christlichen Vollkommenheit. Auch verpflichtet sie uns, das große Feld christlicher Vollkommenheit als zugänglich und als das unsere anzusehen, wie armselig wir auch immer sein mögen. Um wirklich und ohne Überheblichkeit zur Vollkommenheit zu gelangen, *genügt es, sein Nichts zu erkennen und sich wie ein Kind Gott in die Arme zu werfen*[133].

Außerordentliche Gunsterweise sind nicht nötig

Außerordentliche Gunsterweise und trostvolle Erfahrungen bilden keinen wesentlichen Bestandteil des mystischen Lebens.

Und hier die dritte ermutigende Wahrheit, die uns die theresianische Botschaft schenkt! Halten wir zunächst fest: Der geistlich eingestellte Mensch verlangt wie das Kind nach übernatürlich Wunderbarem. Das Wunderbare scheint für einen Augenblick die Dunkelheit des Geheimnisses zu vertreiben und den Schleier von den übernatürlichen Wirklichkeiten, die der Mensch liebt, wegzunehmen. Heiligenbeschreibungen haben lange Zeit hindurch diesen Geschmack kultiviert. Sie haben im Leben der Heiligen die Gunsterweise hervorgehoben, deren sie ohne ihr Verdienst teilhaft geworden waren. Mit betonter Freude sammelten sie die erbaulichen Legenden, deren einziger Wert im poetischen Reiz liegt.

Das ungewöhnlich Wunderbare hat gewiss auch seinen Platz im geistlichen Aufstieg. Die Wohnungen der *Inneren Burg* von Teresa von Avila sind gemäß den Etappen ihres Lebens durch außerordentliche Gnaden markiert. Sie symbolisieren und zeigen zugleich die Gnade des jeweiligen Lebensabschnitts. Im Leben der kanonisierten Heiligen findet man solche Gunsterweise ziemlich häufig. Damit scheint die Überzeugung bis zu einem gewissen Grad

---

133 TM, *Briefe*; S. 347 an P. Roulland.

gerechtfertigt, dass, auch wenn mystisches Leben und außerordentliche Gnaden nicht miteinander verwechselt werden dürfen, diese doch untrennbar miteinander verbunden sind.

Therese gesteht: als sie sich der Berufung zur Heiligkeit bewusst geworden ist, hat sie zunächst nach außergewöhnlichen Dingen Ausschau gehalten. *Als ich anfing, die Geschichte Frankreichs kennenzulernen, entzückte mich der Bericht von Jeanne d'Arcs Heldentaten. Ich fühlte in meinem Herzen den Wunsch und den Mut, ihr zu folgen. Es schien mir, der Herr habe auch mich zu großen Dingen ausersehen.*[134]

Ihre Sehnsucht täuschte sie nicht, aber eine innere Eingebung, die sie als eine der größten Gnaden ihres Lebens bezeichnete, befreite sie von der Faszination, die die Jungfrau von Orleans (Jeanne d'Arc) auf sie ausübte, und brachte sie auf den ihr eigenen Weg: *Der liebe Gott ließ mich erfassen, dass der wahre Ruhm der ist, welcher ewig dauert, und dass es, um dahin zu gelangen, nicht nötig ist, glänzende Taten zu vollbringen, sondern sich zu verbergen und die Tugend zu üben, so dass die linke Hand nicht weiß, was die rechte tut ...*[135]

Dieser Erkenntnis folgen wie auf alle übernatürlichen Erleuchtungen fortschreitende Wirkungen. Aus dieser Einsicht erwachsen Forderungen, die bald zum beherrschenden Zug der theresianischen Spiritualität werden. Gott selbst lässt sie Wirklichkeit werden.

Therese empfängt fast keine außerordentlichen Gunsterweise, jedenfalls keine, die der Aufmerksamkeit der Umge-

---

134 TM, *Briefe*; S. 342 an Abbé Bellière.
135 TvKJ, *Selbstbiographische Schriften*; S. 66.

bung auffallen könnten. (Eine Ausnahme bildete) die wunderbare Heilung Thereses durch das Lächeln der Allerseligsten Jungfrau. Sie hatte über das Lächeln von Maria gesprochen, weil ihre Umgebung so etwas vermutet hatte.

Dies verursachte ihr nachträglich leidvolle Momente. Abgesehen von einzelnen Gnaden der Vereinigung und der Einsicht, deren sie sich in der Tiefe ihrer Seele bewusst wird, kennt sie in ihrer mystischen Erfahrung nur Trockenheiten, Dunkelheit, Unvermögen, oder jenes Halbdunkel, diese Ruhe des *unterirdischen Ganges, wo es weder kalt noch warm ist, wohin kein Sonnenstrahl dringt, weder Regen noch Wind*[136].

Das Leben Thereses ist also, soweit von außen zu erkennen, ein gewöhnliches Leben, dem kein wichtiges Ereignis besondere Auffälligkeit verleiht. Therese nimmt mit Liebe ihre Führung durch den Meister an und auch den Weg, den er ihr auferlegt. Sie macht sich diesen unauffälligen Weg zu eigen, der ihr sehr lieb ist. Den außergewöhnlichen Gnaden schenkt sie wenig Aufmerksamkeit. Nur zufällig erwähnt sie einmal in einer Unterhaltung mit Mutter Agnes die Liebeswunde.[137] Daraus ist zu folgern, dass sie das erfahren hat, was Teresa von Avila den Geistesflug nennt.[138] Allen Erleuchtungen über den Glauben zieht sie die Einsichten über ihr Nichts vor, allen Ekstasen die Freude über die verborgene Ganzhingabe, dem Licht zieht sie die Dunkelheit vor. Gegenüber allen äußeren Zeichen bevorzugt sie den dichten Schleier, der ihr tiefes Innenleben völlig ver-

---

136 TM, *Briefe*; S. 146 an Schwester Agnes von Jesus.
137 Vgl. TM, *Ich gehe ins Leben ein, Letzte Gespräche der Heiligen von Lisieux*; S. 82f.
138 Vgl. TM, *Ich gehe ins Leben ein, Letzte Gespräche der Heiligen von Lisieux*; S. 94.

deckt. Und selbst für den Moment des Eingehens in die Schau Gottes von Angesicht zu Angesicht, scheint ihr der Tod Jesu am Kreuz begehrenswerter als wonnevolle Empfindungen der Liebe.

In Bezug auf äußere Handlungen und selbst wichtigste Ereignisse im Leben Thereses gilt: Sie müssen nach außen hin so geartet sein, dass jeder sie in gleicher Weise ausführen könnte. Durch die Treue zu ihrer Gnade gelingt es Therese, sowohl das Tun Gottes wie auch ihre besondere Tugendhaftigkeit unter dem Schleier der Einfachheit so gut zu verbergen, dass sie ganz unauffällig lebt und dem Blick eines Zeugen »nichts bietet, was der Mühe wert wäre, erzählt zu werden«.[139]

Therese achtet sehr darauf, keine innere Gnade der äußeren Einfachheit zu opfern. Eines Tages macht sie folgende bemerkenswerte Äußerung: *Es lohnt sich nicht, dass das in Erscheinung tritt, Hauptsache, dass dem so ist. Unser Herr ist in Todesängsten am Kreuz gestorben, also war es der schönste Liebestod.*[140] Und Therese weist anschließend auf den harten Todeskampf Jesu hin.

Könnte dieser Verzicht darauf, sich hervortun zu wollen, nicht von dem Verlangen getragen sein, die Wirklichkeit intensiver zu leben? Folgendes könnte darauf hinweisen: Therese ist vom Leben in Nazaret angezogen. Es wird für sie gleichsam zum Ideal des inneren Lebens. In Nazaret kann die Salbung der Gottheit tatsächlich in der Menschheit Christi fortschreitend ihre Macht entfalten. Überreiche Gnade kann

---

[139] Urteil einer Ordensfrau aus dem Kloster von Lisieux kurz vor dem Tod von Therese vom Kinde Jesus (Schwester S. Vincent de Paul; vgl. *Correspondance Générale*; II, p. 1216).

[140] Vgl. TM, *Ich gehe ins Leben ein, Letzte Gespräche der Heiligen von Lisieux*; S. 78.

sich unaufhörlich in Maria entwickeln, ohne dass die Mitmenschen eine außergewöhnliche Ausstrahlung der unaussprechlich reichen inneren Vorgänge wahrnehmen konnten. Maria war sicher unter der göttlichen Last, die sich am Tag der Verkündigung in ihre Seele senkte, in all ihren Fähigkeiten ergriffen. Warum sollten wir annehmen, dass sie bis zur Ekstase erschüttert war? Das alltägliche Leben von Jesus und Maria war so gewöhnlich, dass ihre Landsleute Anstoß daran nahmen, als Jesus zu ihnen von seiner göttlichen Sendung sprach. Das übernatürliche Gespür, das Therese auf Nazaret hinlenkte, täuschte sie nicht. Sie entdeckte: Der Anspruch des alltäglichen Lebens kann ganz unter dem völligen Ergriffensein von Gott gelebt werden, ohne dass dies äußerlich auffällt. Das Leben von Jesus und Maria ist lebendige Veranschaulichung und Bestätigung höchsten mystischen Lebens. Es ist vollständig frei von äußeren Zeichen. Es ist ein Leben, in dem jedes mystische Phänomen fehlt. Mystisches Leben besteht allein im Ergriffensein von Gott, unabhängig von jedem äußeren Phänomen. Therese brauchte die Einsichten über das Leben in Nazaret zur Bestätigung ihrer intuitiven Erfahrungen; und auch wir brauchen sie, um uns auf das Wagnis des Glaubens einzulassen.

Kann man nicht noch weitergehen? Ist es nicht eine Läuterung des mystischen Lebens, wenn man alle zweitrangigen Elemente, alle äußeren Phänomene, ausschaltet und sich auf seine Grundbedingung beschränkt? Ein so vereinfachtes mystisches Leben wäre also reiner und höher. Das deutet das Leben von Nazaret an. Versuchen wir, Gewissheit darüber zu erlangen.

Im mystischen Leben ist die Wirklichkeit oder das Sein etwas anderes als das Erscheinungsbild oder das mystische Phänomen. Der Getaufte kann die schöpferische Gnade, die er empfängt, nicht fühlen. Gott kann die tiefen übernatürlichen Umgestaltungen wirken, ohne dass sein Wirken sichtbar wird. Die Sinne und das psychologische Bewusstsein, die das anzeigen könnten, sind sehr weit von jenen Regionen entfernt, in denen sich übernatürliche Wunder vollziehen. Wohl rufen die außergewöhnlichen Eingießungen der Liebe für gewöhnlich einen Schock in den natürlichen Fähigkeiten hervor. Gott kann aber auch wie wir wissen, die wahrnehmbaren Wirkungen begrenzen. Eine natürliche oder durch die Läuterung der inneren Nacht erworbene Fügsamkeit der Fähigkeiten lässt sie äußerlich weniger oder gar nicht erfahrbar werden. Dann beugen sich die Fähigkeiten dem göttlichen Wirken widerstandslos wie das reife Getreide im Wind. Johannes vom Kreuz beschreibt erstaunlich gut das Nichtvorhandensein mystischer Phänomene:

Wir sehen, dass der durch das Fenster eintretende Sonnenstrahl um so weniger in die Augen fällt, je reiner und freier er von Stäubchen ist; er wird aber um so deutlicher dem Auge sichtbar, je mehr die Luft von Stäubchen und Fäserchen durchtränkt ist. Der Grund dafür ist der, dass das Licht nicht für sich selbst leuchtet, sondern das Mittel ist, wodurch alle anderen Dinge, auf die es seinen Schein wirft, in das Blickfeld geraten. Und erst durch das Zurückprallen von den Gegenständen, die es bescheint, wird es dem Auge sichtbar; wenn es dieselben nicht bescheinen würde, könnte man es nicht wahrnehmen. Wenn auf diese Weise der Sonnenstrahl durch das Fenster eines Zimmers eintreten, dasselbe durchqueren und durch ein anderes, gegenüberliegendes Fenster wieder heraustreten würde, so dass es an keinen Gegenstand stieße, noch an einem liegen bliebe, noch Stäubchen fände, die dasselbe zurück-

werfen, so würde das Zimmer nicht heller sein als vorher, noch könnte man den Strahl sehen. Vielmehr tritt, wenn wir genau Obacht geben, noch größere Dunkelheit ein, da er in etwa das andere Licht verdrängt und verdunkelt, und man sieht ihn nicht, da sich, wie schon erwähnt, keine wahrnehmbaren Gegenstände finden, von denen sein Licht zurückprallt. Das gleiche bewirkt auch in der Seele der göttliche Lichtstrahl der Beschauung.[141]

Der Darstellung des Doctor mysticus entnehmen wir eine zweifache Behauptung. Erstens: das göttliche Licht und seine Wirkungen sind um so weniger fühlbar, je höher sie sind und je reiner die Seele ist, die es aufnimmt. Zweitens: weil dieses Licht oder das göttliche Wirken sehr hoch ist, verursacht es einen Eindruck von Entzug oder Dunkelheit, da es die natürlichen Kräfte in Kraftlosigkeit versetzt. Fassen wir zusammen: Ein negatives Empfinden (Dunkelheit oder Unvermögen) ist das einzige, was die Eingriffe oder die direkten Zugriffe Gottes begleitet, wenn sie sehr hoch sind und wenn sie sich in einem ganz reinen Menschen vollziehen. Daraus ist zu folgern: die Abwesenheit von jedem äußeren Phänomen (spürbarer Schock oder wonnevolle Tröstung) in einem wirklich mystischen Leben wird zu einem Hinweis auf die hohe Qualität der göttlichen Mitteilungen. Es ist also nicht notwendig, zum Wunderbaren Zuflucht zu nehmen, um das einfache Leben von Nazaret zu erklären. Es kommt allein darauf an, von Gott in seiner ganzen Existenz, rein und unbedingt fügsam, erfasst zu sein.

Dürfen wir es wagen, die mystische Erfahrung Thereses mit jener von Jesus und Maria zu vergleichen? Warum nicht? Es handelt sich nicht darum, beide auf derselben

---

141 JvK, *Die Dunkle Nacht*, S. 120f.

Ebene zu sehen, sondern darum, sie im Verständnis derselben Grundanliegen klarer zu erkennen. Die Kleine Heilige hat diese Gegenüberstellung selbst gewagt. Außerdem ist uns ihre Erfahrung viel vertrauter als die von Maria. Therese ergeht es so: Ihr werden keine außergewöhnlichen Gnaden zuteil und außerdem lebt sie mit dem ständigen Eindruck von Ohnmacht und Dunkelheit. Bei ihr finden wir also die beiden einander zugeordneten Merkmale, die nach Johannes vom Kreuz auf hohe göttliche Mitteilungen und auf die Reinheit der Seele, die sie empfängt, hinweisen. Sie verraten ein sehr hohes mystisches Leben. So gesehen, erklärt sich uns im geistlichen Leben von Therese alles. Wir verstehen sowohl den geistlichen Reichtum, auf den ihre Armut hinweist, als auch die Erleuchtungen, die auf ihre Einfachheit zurückzuführen sind. Wir verstehen, warum ihr die Armut im Geiste so wertvoll ist und warum sie Erfahrungen, die diese noch vertiefen, allen anderen Erleuchtungen vorzieht. Broterwerb einer Liebe, der sie immer neue Zärtlichkeitserweise entlockt! Ihre Armut ist auch Zeichen einer Fülle, die Gott unaufhörlich mit seinen besten Gaben bereichert.

Es ist unmöglich alles zu beschreiben, was uns die Einfachheit des mystischen Lebens von Therese entdecken lässt. Versuchen wir immerhin eine Zusammenfassung: das mystische Leben von Therese, das allein durch das Eingreifen Gottes gekennzeichnet ist, birgt eine wertvolle Ermutigung für Menschen, die in seelischer Dunkelheit sind. Es zeigt uns, dass spürbare mystische Erfahrungen nicht die höchsten sind. Schließlich öffnet Therese der spirituellen Theologie und der Psychologie, die bisher beim Studium der mystischen Phänomene oder bei den positiven und trostvollen Erfahrungen der Gaben des Heiligen Geistes stehen blieben, ein immenses und beinahe unbekanntes Feld: jenes der negativen Erfahrung oder geistlichen Armut. Sie ist zweifelsohne die häufigste und beständigste Erfahrung Gottes und gleichzeitig der aufschlussreiche Hinweis auf höchste mystische Lebensvorgänge. Die recht verstandene Einfachheit muss wohl viele gängige Vorstellungen über das mystische Leben korrigieren. Zugleich kann sie den Studien geistlicher Lehrer die Richtung für ein neues Verständnis weisen. Sie vermag außerdem in hohem Maß zum Wohl der Menschen beizutragen.

Heiligkeit lebbar für jeden Christen

Therese zeigt wie Heiligkeit von allen Christen gelebt werden kann.

Diese Feststellung ist eine Folgerung aus den vorausgegangenen Aussagen. Sie lässt uns zum Schluss kommen.

Therese enthüllt uns die lebendige Liebesglut des göttlichen Erbarmens, das seine Flammen ausbreiten will. Die Barmherzigkeit Gottes findet seine Freude am Sich-schenken, sie beklagt sich nur darüber, niemanden zu finden, der sich von ihr ganz verbrauchen lässt. Damit zeigt uns Therese den Heilswillen Gottes, der glühende und wirksame Realität ist. Sie versichert uns: die göttliche Liebe erwartet von uns nur die Haltung des Vertrauens und der Hingabe, um ihr Verlangen, sich uns ganz zu schenken, zu erfüllen. In dieser Gewissheit bringt uns Therese das Von-Gott-Ergriffensein und die Umwandlung durch die Liebe als Realität zum Bewusstsein. Diese ist nicht unerreichbar fern, sondern allen Menschen zugänglich. Therese zeigt: Das Ergriffenwerden von Gott und die Umgestaltung durch ihn fordern eine Antwort auf die Liebe, mit der Gott uns umgibt. Demnach ist es Pflicht für jeden Christen, der sein Christsein uneingeschränkt leben und das Liebesgebot erfüllen will, darauf einzugehen. Für Therese liegt die vollständige Erfüllung dieses Gebotes in der Erfüllung der Alltagspflicht. Sie befreit das mystische Leben und die Umwandlungen, die es bewirkt, von allem, was auffällig ist und es nach außen als sonderbar darstellt. Damit zeigt sie, dass höchstes geistliches Leben in jeder Umgebung und in allen Lebenslagen verwirklicht werden kann, und zwar unter einem Schleier, den sich die Einfachheit webt, um die ihr eigenen Werte zu verbergen.

Viele Menschen unserer Tage sehnen sich intensiv nach Gott. Sie haben ein brennendes Verlangen nach dem Absoluten, auch den Wunsch nach einem wahrhaft christlichen Leben und das verborgene Streben nach Heiligkeit. Es sind Menschen, die in unseren Tagen groß geworden sind und das Wirken zerstörerischer Gewalt erlebt haben. Gleichzeitig erfahren wir, wie die theresianische Botschaft aufgenommen wird. Wir hören von den Hoffnungen, die daran geknüpft werden, von der schon erreichten Umsetzung und von Worten der Erneuerung und einer geistlichen Renaissance. In all dem können wir die erbarmungsvolle Absicht Gottes für unsere Zeit erkennen. Unserer raffinierten und übersättigten Zivilisation, die darunter leidet, den Sinn für das Unendliche verloren zu haben, hat Gott ein Kind geschickt. Dieses Kind wiederholt mit Charme und in reiner, leuchtender Einfachheit die ewige Botschaft von seiner Liebe: Gott hat uns aus Liebe geschaffen, seine Liebe bleibt lebendig und wird wegen unserer Hilflosigkeit noch viel glühender; er wartet darauf, dass wir ihn wie Kinder lieben und uns wie ganz kleine Kinder lieben lassen.

An jeden Wendepunkt der Geschichte stellt der Heilige Geist einen Führer; jeder neu entstehenden Zivilisation gibt er einen Lehrer mit dem Auftrag, seine Botschaft zu verkünden. So hat die Kirche einen Augustinus gehabt, einen Benedikt, einen Franz von Assisi und Dominikus, eine Teresa von Avila, einen Ignatius und viele andere. An die Schwelle unserer neuen Welt – größer und mächtiger als die vorausgegangene, weil sie das Universum umfasst und erobert hat, aber auch mehr gequält und geteilt ist – hat Gott Therese vom Kinde Jesus gestellt. Sie offenbart seine göttliche Liebe und lädt die Menschen zur Gegenliebe ein. Sie sammelt eine unzählige Schar kleiner Seelen, welche die göttliche Liebe erfahren haben und fähig sind, sich auf Erden den harten Auseinandersetzungen zu stellen. Es ist immer gefährlich zu prophezeien. Aber heißt es denn prophezeien, wenn wir unsere Ahnungen und unsere Überzeugungen auf bereits Erreichtes stützen, auf das weite Wirkungsfeld in der ganzen Welt, auf die Macht und die Reinheit der leuchtenden Wegweisungen? Heißt es prophezeien, wenn wir behaupten, dass Therese zu den großen geistlichen Lehrern der Kirche und den bedeutendsten Seelenführern aller Zeiten gehören wird, ja bereits zu ihnen gehört?

Therese von Lisieux
Lebensdaten

1873	2.1. Geburt von Therese Martin in Alençon
1877	28.8. Tod der Mutter Zeline Martin
1881–1886	Schule der Benediktinerinnen in Lisieux
1882	2.10. Eintritt von Pauline Martin (Schwester Agnes von Jesus) in den Karmel von Lisieux
	13. 5. Pfingsten: Heilung von schwerer Erkrankung
1884	8.5. Erstkommunion
	14.6. Firmung durch Bischof Hugonin
1886	1.9. Bekehrung und Hinrichtung des Mörders Pranzini
	Oktober: Eintritt von Marie Martin (Schwester Maria vom Heiligen Herzen) in den Karmel von Lisieux
	25.12. nach der Mitternachtsmesse »Gnade der Bekehrung«
1888	9.4. Thereses Eintritt in den Karmel von Lisieux
1889	10.1. Einkleidung: **Schwester Therese vom Kinde Jesus vom heiligen Antlitz**
1890	8.9. Feierliche Profess
1894	14. 9. Eintritt von Celine Martin in den Karmel von Lisieux
	ab Oktober: Entdeckung des Kleinen Wegs
	Ende Dez.: Beginn der Selbstbiographischen Aufzeichnungen (MsA)
1895	9.6. Fest der Hl. Dreifaltigkeit: Weihe an die Barmherzige Liebe

1896	2.–3.4. Nacht zum Karfreitag erster Blutsturz, Ausbruch von Tb
	5.4. Beginn der Glaubensprüfung
	September:
	Brief an Maria vom Heiligen Herzen (MsB)
1897	6.4. Beginn der Aufzeichnungen *»Letzte Gespräche«* durch Mutter Agnes von Jesus und andere
	Juni: Fortsetzung der Lebensbeschreibung (MsC)
	19.7. Letzter Kommunionempfang
	30.9. Nach zweitägigem Todeskampf stirbt Therese gegen 19.30 Uhr
1923	29.4. Seligsprechung
1925	17.5. Heiligsprechung
1997	19.10. Ernennung zur Kirchenlehrerin

Maria-Eugen Grialou – in den Spuren Thereses

Therese von Lisieux – Kirchenlehrerin! Feierliche Ernennung anlässlich ihres 100. Todestages am 19. Oktober 1997! Die Texte des Karmeliten Maria-Eugen Grialou erschließen den tieferen Sinn dieser Ernennung. Der Verfasser war zeitlebens von der außergewöhnlichen Sendung der Heiligen überzeugt. Er erkannte ihre Fähigkeiten als geistige Meisterin. Er stellte sie gemäß ihrer Lehre auf eine Ebene mit den großen geistlichen Vorbildern aller Zeiten, mit Benedikt, mit einem Thomas von Aquin, einem Franziskus, einer Teresa von Avila, einem Johannes vom Kreuz.[1] Die wenigen hier gesammelten Texte können helfen, uns dieser Tatsache bewusst zu werden und uns davon zu überzeugen.

Heinrich Grialou (1894–1967) hat Therese schon in jungen Jahren gekannt. Während seiner Gymnasialzeit hat er ein kleines, unscheinbares Büchlein mit Texten von ihr gelesen. Immer wieder hat er darauf zurückgegriffen, hat er aus der *Entblätterten Rose* geschöpft. Selbst im Krieg (1914–1919) trug er das Büchlein immer bei sich. *Kein Buch hat je solch tiefen Eindruck auf mich gemacht wie dieses ... Ich finde keine Worte, um das auszudrücken. Das ist erstaunlich!*[2]

Während der Feldzüge in den Argonnen, bei Verdun und am Damenweg[3] hat er Thereses Schutz erfahren. Doch nicht das ist das Beeindruckendste für ihn; das, was ihn

---

1 Priesterexerzitien; Institut Notre-Dame de Vie, September 1966.
2 Brief an G. Saint-Hilaire, 24. Februar 1913.
3 Brief an seine Mutter und seine Schwester, 27. August 1923: *Schwester Therese vom Kinde Jesus hat mich und meine Kameraden während des Krieges so gut beschützt.*

besonders anzieht, äußerte er anlässlich des Seligsprechungsprozesses in einem Brief an einen Freund: *Alle äußeren Wunder, Heilungen usw. berühren mich verhältnismäßig wenig; es sind vor allem die Wunder, die sie in den Seelen bewirkt, die mich beeindrucken, weil vor allem sie es sind, die Jesus verherrlichen ... Persönlich habe ich den Eindruck, dass dies einer der schönsten Tage meines Lebens ist ... Das ist die Verwirklichung sehr alter und sehr tiefer Wünsche. Vielleicht habe ich für die Verherrlichung der kleinen Schwester mehr gebetet als in jeder anderen Meinung ... Die Sendung der kleinen Seligen ist ein Beteiligtsein an dem Sich-Ergießen der göttlichen Liebe in die Seelen, und zwar, wie es scheint, in einer Weise, die Gott für unsere Zeit wünscht. Diese Seligsprechung ist das Zeichen der Echtheit ihrer Sendung ... Man empfindet Dankbarkeit für alle die kleinen Gunsterweise, die man bereits empfangen hat, für die kleinen Wunder, deren Zeuge ich war. Vor allem aber gibt es unermessliche, unbestimmte, aber beinahe unendliche Hoffnungen für die Zukunft. Diese Hoffnungen nähren meine Seele; ich hänge fest an ihnen, fast wie an jenen Hoffnungen, welche die Kirche durch den Glauben in unseren Herzen aufrecht hält. Die kleine Schwester Therese muss noch, wie mir scheint, Fluten göttlicher Liebe über die Welt ausgießen.*[4]

Als Heinrich Grialou diese Zeilen schrieb, hatte er seine karmelitanische Berufung bereits gefunden und seine erste Profess (11. März 1932) unter dem Namen Bruder Maria-Eugen vom Kinde Jesus abgelegt.[5] Vom Herbst des gleichen

---

4 Brief an J. Gayraud, 29. April 1923.
5 Brief an seine Schwester Berthe, 28. Februar 1922; ... *die kleine Schwester Therese wird dort auch einiges zu tun haben, denn wir beide werden ›vom Kinde Jesus‹ heißen und in Zukunft Geschwister sein.*

Jahres an beginnt er, die Lehre von Therese zu verbreiten. Er hält je ein Triduum über sie in Amiens und Rodez.

Die Chronik über jene Zeit berichtet uns von der Liebe, die mitschwang; man spürte sie, man sah sie im Herzen des jungen Predigers, eines Unbeschuhten Karmeliten, eines Kindes der Aveyron. Er sprach von der Seligen, wie nur ein glühender Verehrer von ihr sprechen konnte oder, besser noch, wie ein Bruder. Seine ersten Worte waren: Gott ist Liebe. Liebe und Therese, diese beiden lassen sich nicht voneinander trennen.[6]

Das war für Maria-Eugen Grialou damals der Anfang einer intensiven Vortrags- und Lehrtätigkeit, die er ein Leben lang durchhielt. Sein Anliegen war, den Geist und die Spiritualität des Karmel weiterzugeben. Er war getragen von einem neuen Wehen des Geistes, hervorgerufen durch die Kleine[7] Heilige von Lisieux und durch Johannes vom Kreuz (1926 zum Kirchenlehrer ernannt). Therese hatte Johannes den »Vater ihrer Seele« genannt. Thereses Lehre ist einerseits durch und durch karmelitanisch, andererseits den großen Bedürfnissen unserer Zeit vollkommen angepasst.

Zu Beginn des Jahres 1929 schrieb Maria-Eugen Grialou: *Der Geist des Propheten Elija lebt in der ganzen karmelitanischen Überlieferung weiter. In unserem Jahrhundert erwachte er neu in der Seele von Therese vom Kinde Jesus. Sie wurde zum Karmel geführt durch ihren Eifer für die Bekehrung der Sünder und die Heiligung der Priester; dadurch findet sie ihren Platz im Schoß der Kirche. Sie ruft aus: ›Im Herzen der Kirche, meiner Mutter, werde ich die Liebe sein‹.' Das ist ihr Anliegen. Dieses lebt sie in innigster Hingabe.*

---

6 Chronik des Karmels von Rodez, 1923.
7 TM, *Ich gehe ins Leben ein, Letzte Gespräche der Heiligen von Lisieux;* S. 291.

Indem er sich auf das Wort von Papst Pius XI. aus Anlass von Thereses Seligsprechung stützt, fährt er fort: *Es ist das ganze christliche Volk, das durch den Heiligen Vater eingeladen ist, sich auf den Kleinen Weg zu begeben. Sie ist Lehrerin des geistlichen Lebens, um die verhängnisvollen Folgen des geistigen Stolzes in unserer alten christlichen Zivilisation wiedergutzumachen, und als Patronin der Mission marschiert sie an der Spitze der Eroberer über fremde Strände ...*[8]

Was der Karmel in der Absolutheit seiner Berufung leben soll, ist demnach ein Reichtum. Ihn gilt es an alle die weiterzugeben, die sich danach sehnen, die Liebe Gottes kennenzulernen und sich ihr auszuliefern. Nur das entspricht dem Wesen der göttlichen Liebe: *Dieses Gut, diese Liebe Gottes möchte sich ausbreiten. In allen Lebensbereichen sucht sie Seelen, um sie in ihre Vertrautheit zu rufen und um ihnen die Geheimnisse des göttlichen Herzens zu enthüllen. Diesen Gedanken haben wir bei Therese vom Kinde Jesus gefunden. Sie äußert ihn am Ende eines Briefes an Schwester Marie vom Heiligen Herzen. Sie will einer Unzahl kleiner Seelen die göttliche Liebe bekannt machen und das nicht nur in der Welt der Klöster, sondern in den Vororten, auf den Straßen und überall, wo es Menschen gibt, die Gott zum innigen Vertrauen mit sich ruft.*[9]

Das Denken von Maria-Eugen Grialou steht in vollem Einklang mit dem von Therese. Für beide war die Erfahrung der göttlichen Liebe der Ursprung ihrer Überzeugung. Sie war richtungweisend für das ganze Leben dieses Priesters und für seine Sendung. Er begleitete überall, wohin ihn

---

8 Zeitschrift *Carmel*, 15. Februar 1929, p. 154.
9 Ansprache im Institut Notre-Dame de Vie am 16. Juli 1947, zitiert von MARIE PILA in *Carmel*, Sondernummer, März 1968, p. 114 etc.

der Geist Gottes führte, Menschen, die sich der Gnade Gottes auslieferten und Zeugen dieser Liebe wurden. Das ist die Grundlage für die dichte und tiefe Synthese seines Vortrags zum Abschluss der theresianischen Gedenktage im Jahre 1947, der in diesem Buch wiedergegeben ist. Nachdem er die Verwurzelung der *Kleinen Heiligen* in der Überlieferung des Karmel aufgezeigt hat, zeichnet er mit Weitblick und Genauigkeit die Grundlagen und das Zentrum ihrer Gotteserfahrung und ihrer Lehre, um mit Folgerungen für die geistliche Theologie abzuschließen. Das ist Therese: *»Lehrerin des mystischen Lebens.«* Die letzten Worte des Vortrags zeigen uns die vertraute Kenntnis, die er von Therese hat, diesem »Wort Gottes« in unserer Welt, und die Perspektive, in die er sie stellt. Er ruft zu einer umfassenderen und tieferen Dankbarkeit für ihre geistliche Sendung auf, die bereits am Werk ist. Es lohnt sich, hier etwas ausführlicher zu zitieren:

Unserer raffinierten und übersättigten Zivilisation, die den Sinn für das Unendliche verloren hat und die darunter leidet, hat Gott ein Kind geschickt. Dieses Kind wiederholt mit dem Charme und der leuchtenden Reinheit seiner Einfachheit die ewige Botschaft von seiner Liebe: Gott hat uns aus Liebe geschaffen, seine Liebe bleibt lebendig und wird wegen unserer Verlassenheit noch viel glühender. Er wartet darauf, dass wir ihn wie Kinder lieben und dass wir uns wie ganz kleine Kinder lieben lassen.

An jeden Wendepunkt der Geschichte stellt der Heilige Geist einen Führer; jeder neu entstehenden Zivilisation gibt er einen Lehrer, der damit beauftragt ist, seine Botschaft zu verbreiten. Es ist immer gefährlich zu prophezeien. Aber heißt es denn prophezeien, wenn wir unser aller Ahnung und unsere Überzeugung zum Ausdruck bringen, die sich auf das bereits vollbrachte Werk stützt, auf das weite Wirkungsfeld – das ganze Universum –, auf die Macht und die Reinheit des hervorgebrachten Lichtes? Heißt es prophezeien, wenn wir behaupten, dass Therese zu den großen geistlichen Lehrern der Kirche gehören wird? Ja, sie ist bereits eine von ihnen und gehört zu den mächtigsten Seelenführern aller Zeiten.[10]

In seiner Überzeugung stützt sich Maria-Eugen Grialou auf Gott und auf die empfangenen Gaben. In ihr wird Hoffnung lebendig, die den Plänen Gottes entspricht. Diese Hoffnung wird er bis an sein Lebensende anderen Menschen weitergeben. In seinem Werk *Ich will Gott schauen* hat Therese ebenfalls einen bedeutenden Platz. Das bezieht sich auf den gesamten theologischen und praktischen Inhalt. Die solide gegliederten Darlegungen gehen von den Beschreibungen der *Inneren Burg* (Teresa von Avila) aus und werden an Hand der Lehre von Johannes vom Kreuz erläutert. Durch das ganze Buch zieht sich gleichsam filigranhaft die verborgene Anwesenheit Thereses. Das ist weder Zufall noch Nebensache. Der Verfasser schreibt dazu: *Therese vom Kinde Jesus steht uns näher. Es scheint uns fast, als hätten wir sie gekannt; so sehr reagieren und sprechen wir wie sie. Sie ist eine junge Meisterin, die sich zu uns setzt, um uns ihre Erfahrungen zu erzählen. Sie spricht in so einfachen Bildern, dass sie uns geradezu armselig vorkommen könnten; aber sie gewinnt uns durch die so hohe und doch so einfache Strahlkraft ihrer Worte, durch ihr Leben und ihre glühende Liebe, durch ihre Lehre, die nicht nur kontemplative Menschen wie sie berührt, sondern alle kleinen*

---

10 Ende der Konferenz; vgl. Kapitel II. Nova: Die neue Botschaft »Inhalt der theresianischen Botschaft«, S. 154.

Seelen; sie gewinnt uns durch ihre einfache, lebendige, anschauliche Erzählweise und endlich durch das Lächeln, mit dem sie uns aufnimmt und das uns von der Zartheit ihrer übernatürlichen Liebe spricht, die sie für uns hegt, noch bevor wir auf sie zugehen.[11]

Das ist fast eine Beschreibung dessen, wovon Mutter Agnes von Jesus eines Tages sagte: *Ich habe nie eine Seele getroffen, die so sehr meiner kleinen Schwester gleicht wie P. Maria-Eugen.*[12] Nach dem Lesen des Abschnitts über das Heilige Antlitz aus *Ich will Gott schauen* versichert Schwester Genoveva: *Es wäre unmöglich, die Dinge besser zu begreifen und besser auszusprechen. Alles ist wahr.*[13]

Ab 1954 nach den schweren »römischen« Jahren der Nachkriegszeit im Generalat des Ordens und als Apostolischer Visitator der französischen Karmelitinnenklöster arbeitet Pater Maria-Eugen Grialou daran, die Verbreitung der theresianischen Lehre neu zu beleben. Er setzt sich für die Herausgabe der *Selbstbiographischen Schriften* der Kleinen Heiligen ein. Er veranlasst ihr Erscheinen im Jahr 1956 und ist darüber glücklich. In seinen Vorträgen vor recht unterschiedlicher Zuhörerschaft entwickelt er vor allem die Lehre von der geistlichen Armut als Haltung der Empfänglichkeit für die göttliche Liebe. Therese hat das Geheimnis der geistlichen Armut unter dem Einfluss des Heiligen Geistes beschrieben. Darin zeigt sich die Reinheit ihres auf Gott ausgerichteten Glaubens und ihre Hoffnung auf eine Weise, die immer mehr an Kraft gewinnt. Dasselbe gilt für die Zartheit und die Kraft ihrer Liebesantwort in den kleinsten Dingen des gewöhnlichen Lebens.

---

11 MEG, *Ich will Gott schauen*, S. 999.
12 R. Regue, *Carmel*, März 1968, p. 5 etc.
13 Brief an Th. Remy, 21. April 1951; vgl. *Études et Documents*, Lisieux, 1951, 8, p. 153 etc.

Mit diesem Verständnis überdenkt Maria-Eugen Grialou 1959 erneut die Weihnachtsgnade, die Therese im Jahre 1886 zuteil geworden ist. Sie brachte ihr die »vollständige Bekehrung«; ihre Bedeutung ist auch nach hundert Jahren noch ungemindert. P. Maria-Eugen erörtert diese Erfahrung Thereses einerseits an Hand neuester Ergebnisse aus der Psychologie, andererseits mit Hilfe der geistlichen Lehren der beiden großen Meister Teresa von Avila und Johannes vom Kreuz. Er hebt auch deutlich die Kraft der Heilung durch das Wirken Gottes hervor: Es greift in allen Bereichen und auf allen Ebenen des Personseins ein, um zu einer wahren »Gesundung der Seele« zu führen. In dieser Gesundung besteht Heiligkeit. Gleichzeitig ist die geistliche Armut hervorgehoben, welche das göttliche Wirken begleitet. So kann die Auseinandersetzung mit dem Leben und der Lehre von Therese zahlreiche mystische Erfahrungen beleuchten, die sonst nicht zu erklären sind. Auch können dadurch noch viele, die zögern – Arme und Kleine –, ermuntert werden, unter der Führung des Heiligen Geistes die Heiligkeit anzustreben, ohne außergewöhnliche Zeichen zu suchen. Der Heilige Geist ruft dazu heute mehr denn je in der Kirche und für die Kirche auf.

Maria-Eugen Grialou war von der Strahlkraft der geistlichen Erfahrung Thereses überzeugt. In seinen Exerzitien zwischen 1962 und 1966 sprach er besonders gern in lebendiger Weise über Gestalt und Lehre von dieser *Freundin der Kindheit*, wie er ganz schlicht sagte, *die nahe bei uns gelebt hat und uns im Maß unseres Heranwachsens Vertraulichkeiten schenkte, uns die Geheimnisse ihrer Seele zeigte.*[14]

---

[14] Predigt vom 3. Oktober 1962, Institut Notre-Dame de Vie.

In den beiden ersten Kapiteln dieses Buches spürt man die lebendige Beziehung, die zwischen ihm und Therese bestand. Auf wenigen Seiten entwirft er ein Bild von der menschlichen und geistlichen Gestalt Thereses, so wie sie ihm lieb war. An der Wurzel dessen, was Maria-Eugen Grialou sein ganzes Leben hindurch gelehrt hat, findet sich seine eigene geistliche Erfahrung, die sich grundsätzlich als die gleiche erweist wie jene der heiligen Therese. Die Entdeckung der Liebe, die sich uneigennützig schenkt und der sich Therese ohne Vorbehalt ausliefert, ist die besondere Eigenart der Kleinen Heiligen, das besondere Siegel ihrer Gnade und ihrer Sendung in der Kirche. Sie schreibt: *Deine Liebe umsorgte mich seit meiner Kindheit, sie wuchs mit mir heran, und nun ist sie ein Abgrund, dessen Tiefe ich nicht auszuloten vermag.*[15] Es handelt sich um die wesenhafte Liebe, wie Maria-Eugen Grialou erklärt, die wesenhafte Liebe, die keine andere ist als der Heilige Geist selbst.

Sich ohne Vorbehalt dem Wirken des Geistes der Liebe auszuliefern, ist auch der beherrschende Zug der Gnade von Maria-Eugen Grialou. So kann Marie Pila, die Mitbegründerin des Instituts Notre-Dame de Vie, von ihm sagen: *Mit dem Heiligen Geist, so scheint es, berührt man das Geheimnis von P. Maria-Eugen.*[16] Er erfuhr seit seiner Noviziatszeit intensive Mitteilungen des Geistes der Liebe. Diese Erfahrungen lassen seine geistliche Verwandtschaft mit Therese noch stärker hervortreten. Er zögert nicht, von einem gelebten Pfingsten zu sprechen. Seine Kenntnis des Heiligen Geistes ist eine wahre Erkenntnis aus Wesensgemeinschaft, die für seine geistliche Persönlichkeit charakte-

---

15 TvKJ, *Selbstbiographische Schriften*; S. 271.
16 *Carmel*, März 1968, p. 122.

ristisch ist; sie ist die Frucht einer langen Vertrautheit mit dem Heiligen Geist. So kann er am Ende seines Lebens sagen: *Ich nenne ihn meinen ›Freund‹, und ich glaube, dass ich dafür Gründe habe.*[17] Dabei handelt es sich sehr wohl um den Geist der Liebe, der wesenhaften Liebe, wie man in einer persönlichen Aufzeichnung von 1952 lesen kann: *Lebendig ist der Geist der Liebe, der in mir lebt und mich seit langem ergriffen hat. Lebendige, überwältigende, beherrschende Gegenwart!*

Er ist es, der die Liebe ausströmt und der die Kirche ins Leben ruft. Meine Heiligkeit wird darin bestehen, an ihn und seine Gegenwart zu glauben und mich ganz von ihm ergreifen zu lassen.

Im Glauben und mit der Haltung eines Kindes, das nicht anderes kann als sich hinzugeben, liefert sich Maria-Eugen Grialou diesem Geist aus, den er in sich entdeckt und dessen wiederholte Mitteilungen ihn dahin führen, wie Therese zu wünschen, sich immer mehr in die göttliche Liebe zu versenken: *Beten Sie um die göttliche Liebe! Das ist das einzige Gebet, das man verrichten muss. Für die Seelen, die ich liebe, kann ich nur um Liebe bitten; sie ist die einzige Wirklichkeit, die etwas wert ist, das einzig Ewige, das für sie zu erbitten ist. Therese vom Kinde Jesus ist in dieser Hinsicht genial gewesen. ›Schenk mir Liebe‹, sagt sie zu Gott. Sie bittet ihren geistlichen Bruder, er möge beten, dass sie den lieben Gott liebt und bewirkt, dass er geliebt wird.*[18]

Weil Maria-Eugen Grialou sich so geliebt weiß, kann er seinerseits lehren, wie man lieben soll. *Erzieher zur Liebe ist er gewesen, mit welcher Kraft, mit welcher Zartheit,*

---

17 Geistliches Testament, vgl. RAYMONDE REGUE, *P. Marie-Eugène Grialou – Karmelit und Gründer eines Säkularinstituts*; S. 106.
18 Exerzitien im Institut Notre-Dame de Vie, 1951.

mit welcher Klarsicht! bezeugt Marie Pila.[19] Er will, dass das von ihm gegründete Institut Notre-Dame de Vie eine Schule der Liebe sei, dieser Liebe, die allein zählt, denn sie findet ihre Quelle im Geist, die Christus ähnlich macht, der die Seinen geliebt hat bis zum Ende. Zwei Monate vor seinem Tod – er ist schon krank – gesteht Maria-Eugen Grialou: *Wenn ich tief schlafe, denke ich nicht mehr. Wenn ich aufwache, ist nur noch der Heilige Geist da. Er nimmt alles in Beschlag. Ich bin mit dem Herrn. Ich bin wie umgewandelt in ihn. Ich atme die Liebe wie er. Er atmet die Liebe; der Vater atmet auch die Liebe. Ich atme die Liebe, um sie Ihnen zu geben.*[20]

Was die Kirche endgültig von der Heiligkeit Thereses überzeugt hat, war, wie wir wissen, ihre vollkommene Gleichförmigkeit mit Jesus im Leiden und im Tod, so wie sie es sich gewünscht hatte.[21] Der Kleine Weg der Kindschaft findet hier seine Erfüllung und seine missionarische Verbreitung. Man kann wohl behaupten, dass diese Einsicht auch vollkommen der von Maria-Eugen Grialou entsprach. Auch er ging den Weg der geistlichen Kindschaft.

Der »Durchgang« durch das Leiden, der ihn am Ende der Karwoche 1967 zum ewigen Leben führte, gibt in besonderer Weise Zeugnis von der seelischen Verwandtschaft und von der Gnade, die ihn an Therese bindet. Diese Passion macht aus ihm vollends ihren wirklichen »geistlichen Bruder«, der fähig ist, in machtvoller Weise die Kraft ihrer Lehre kundzutun. Dadurch bewegt er aufs neue einen Strom über-

---

19 *Carmel*, März 1968, p. 123.
20 *P. Marie-Eugène Grialou – Karmelit und Gründer eines Säkularinstituts;* S. 111.
21 TM, *Ich gehe ins Leben ein. Letzte Gespräche der Heiligen von Lisieux;* S. 58f.

natürlicher Fruchtbarkeit in der Flut des Erbarmens, das Gott immer in verschwenderischer Fülle über die Welt ergießen will.[22]

Die Sendung von Maria-Eugen Grialou ist mit seinem Tod nicht zu Ende. Wie jene Thereses schreibt sie sich in *die Bewegung der göttlichen Liebe ein: Ich habe die Barmherzigkeit begriffen. Die heilige Therese hat erfahren, wie sanft die Barmherzigkeit ist, ich dagegen fühle ihre Stärke.*[23] In den letzten Äußerungen seines Lebens legt er seine geistliche Sendung dar: er lässt sich auf den betenden Christus ein, der seinen Geist, den Geist der Liebe, sendet. So sagt er unter anderem: *Ich werde ziemlich viel Lärm beim Vater, bei Christus und selbst beim Heiligen Geist machen. Er wird mir wohl nicht abschlagen, zu Ihnen zu kommen, damit ich ihn Ihnen mit all den Wohltaten, die ich von ihm erhalten habe, schicken kann.*[24]

François Girard

---

[22] Vgl. *P. Marie-Eugène Grialou – Karmelit und Gründer eines Säkularinstituts*; S. 112ff.
[23] Ebd., S. 116.
[24] Nicht veröffentlicht.

Maria-Eugen Grialou OCD
Lebensdaten

1894	2. 12. Geburt in Le Gua/Aveyron (Frankreich) Taufname: **Heinrich Grialou**
1911–1914	Priesterseminar in Rodez/Frankreich; Heinrich entdeckt Therese vom Kinde Jesus als Gefährtin für seinen Lebensweg
1914–1918	Erster Weltkrieg: Heinrich Grialou ist Soldat
1919–1922	Fortsetzung der Studien im Priesterseminar von Rodez
1922	4. 2. Priesterweihe 24. 2. Eintritt in den Karmel von Avon 10. 3. Einkleidung, Ordensname: **Bruder Maria-Eugen vom Kinde Jesus**
1932	Gründung einer karmelitanischen Laiengemeinschaft, das spätere Säkularinstitut »Notre Dame de Vie«
1939	Kriegsdienst
1948	Apostolischer Visitator der Unbeschuhten Karmelitinnen in Frankreich
1949	Erstauflage des Buches *Je veux voir Dieu*
1954	Generalvikar des Ordens
ab 1955	Gründung von Niederlassungen des Instituts in verschiedenen Ländern
1957	Deutsche Niederlassung des Säkularinstituts »Notre Dame de Vie« in Weisendorf
1967	27. 3. Tod von Pater Maria-Eugen Grialou
1985	Eröffnung des Seligsprechungsprozesses
1993	1. Auflage von *Ich will Gott schauen*; deutsche Übersetzung.
2006	2. Auflage von *Ich will Gott schauen*

Literaturhinweise/Abkürzungen

MEG	Maria-Eugen Grialou
JvK	Johannes vom Kreuz
TvA	Teresa von Avila
TvKJ	Therese vom Kinde Jesus
TM	Therese Martin
PSH I	Prozesse der Seligsprechung und Heiligsprechung I
PSH II	Prozesse der Seligsprechung und Heiligsprechung II

Deutsche Ausgaben

Céline Martin, *Meine Schwester Therese*, Verlag Herold; Wien-München 1961.

Maria-Eugen Grialou OCD, *Ich will Gott schauen*, Paulusverlag Freiburg; Schweiz 2000.

Johannes vom Kreuz, *Vollständige Neuübersetzung/Vollständige Neuübertragung, Sämtliche Werke/Gesammelte Werke, Band 1–5*, Verlag Herder, Freiburg im Breisgau 1995ff.

Prozesse der Seligsprechung und Heiligsprechung der hl. Theresia vom Kinde Jesus und vom hl. Anlitz, *I. Bischöflicher Informationsprozess*, Badenia Verlag, Karlsruhe 1993.

Prozesse der Seligsprechung und Heiligsprechung der hl. Theresia vom Kinde Jesus und vom hl. Anlitz, *II. Apostolischer Prozess*, Badenia Verlag, Karlsruhe 1993.

Raymonde Regue, *Père Marie-Eugène Grialou – Karmelit und Gründer eines Säkularinstituts*, Verlagsgesellschaft Gerhard Kaffke, München 1982.

Teresa von Avila, *Vollständige Neuübertragung, Gesammelte Werke, Band 1, 2, 4; Das Buch meines Lebens, Weg der Vollkommenheit, Wohnungen der Inneren Burg*, Verlag Herder im Breisgau 2001ff.

Therese Martin, *Briefe*, Deutsche authentische Ausgabe, Johannes-Verlag, Leutesdorf 1983.

– *Ich gehe ins Leben ein, Letzte Gespräche der Heiligen von Lisieux*, Johannes-Verlag, Leutesdorf 1996.

Therese von Lisieux, *Gedichte der heiligen Theresia von Lisiseux*, Hrsg. M. Breig SJ, Johannes-Verlag, Leutesdorf 1979.

Therese von Lisieux/Therese vom Kinde Jesus, *Selbstbiographie/Selbstbiographische Schriften* (MsA, MsB, MsC), Johannes Verlag, Einsiedeln 2003.

Französische Ausgaben

Annales de Sainte Thérèse, revue mensuelle, Lisieux.

Correspondance Générale, 2 tommes, 1972–1974, Cerf-Desclée de Brouwer, Paris 1979.

Documentation du Carmel de Lisieux

Derniers Entretiens et volume d' Annexes, Cerf-Desclée de Brouwer, Paris 1971.

P. Descouvment, *Une novice de Sainte Thérèse*, Cerf, Paris 1985.

Vie Théresiènne, revue trimestrielle, Lisieux.

Maria-Eugen Grialou
Literatur in deutscher Sprache

Ich will Gott schauen
Vorwort von Kardinal Christoph Schönborn OP
Paulusverlag Freiburg, Schweiz, 1993/2006
ISBN 978-3-7228-0315-9

In der Kraft des Geistes
Gebet und Apostolat
Vorwort von P. Antonio Sagardoy OCD
ISBN 978-3-7902-2060-5

Neun-Tage-Gebet
mit P. Maria-Eugen Grialou
ISBN 978-3-7902-2143-5

In der Verborgenheit des Herzens beten
Worte für unterwegs
ISBN 978-3-7902-2151-0

Raymonde Règue
Père Marie-Eugène Grialou
Karmelit und Gründer eines Säkularinstituts
Erhältlich bei Institut »Notre Dame de Vie«, Weisendorf